정동운 마음운반법
성장의 시기를 지나는 동안

치 | 과 | 의 | 사 | 가 | 들 | 려 | 주 | 는

성공인생 마음공부

2009년 9월 1일 초판 인쇄
2009년 9월 15일 초판 발행

지 은 이 | 최우환
펴 낸 이 | 오세룡
펴 낸 곳 | 클리어마인드_(주)지오비스
등록번호 | 제 300-2005-54호
주   소 | 서울시 수송동 58 두산위브파빌리온 736호
전   화 | 02)2198-5151, 팩스 | 02)2198-5153
디 자 인 | 현대북스 051)244-1251

ISBN 978-89-93293-11-1   03810

클리어마인드는 (주)지오비스의 출판브랜드입니다.
이 책은 저작권 법에 따라 보호받는 저작물이므로 무단전재와 복제를 금지하며,
이 책 내용의 전부 또는 일부를 이용하려면
반드시 저작권자 지은이와 (주)지오비스의 서면동의를 받아야 합니다.

정가 12,000원

치 | 과 | 의 | 사 | 가 | 들 | 려 | 주 | 는

성공인생
마음공부

최우환 지음

클리어마인드
CLEARMIND

책을 펴내며

저는 조계사 인근에서 치과의원을 운영하는 의사입니다. 하지만 의사는 저에게 부업일 뿐, 본업은 불자(佛子)라고 감히 말씀드리고 싶습니다. 의원은 도량이며, 의원을 찾는 환자와 스님들은 저의 스승이자 도반이라고 생각합니다. 내 마음이 더욱 안정되고 무심(無心)이 될 때는 모든 분들이 부처님으로 여겨져 감사한 마음이 들고 저절로 공경하게 됩니다.

저는 생업과 더불어 마음공부를 하는 데 있어 중요한 3가지 요소, 즉 도량(수행처)과 스승과 도반을 모두 곁에 두고 있어 더욱 행복합니다. 바로 옆에 한국불교 1번지인 조계사 도량이 있고, 거기에서 가르침을 설하는 많은 고승을 가까이서 뵐 수 있고, 더불어 조계사 신도님들을 비롯한 불자님들과 도반으로서 함께 공부할 행운을 가졌기 때문입니다. 하지만 저의 삶은 여느 불자님들 보다 더 내세울 것은 없습니다. 항상 모든 이들에게 삶의 교훈, 부처님의 가르침을 배우며 더불어 살아가는 중생일 뿐입니다.

이 책은 제가 부처님의 은덕과 자비로 살아온 이야기를 진솔하게 정리한 것입니다. 부처님을 알게 된 때는 서른 중반에 이르면서부터이지만, 제가 태어나서 가난한 가정환경에서도 긍정적인 생각으로 고된 삶을 이겨내고, 지금까지 성장할 수 있었던 것은 모두 부처님의 보이지 않는 가피(加被; 보살핌)가 아니었나 생각됩니다.

저는 현재까지 그래왔던 것처럼 남은 인생을 더욱 불법에 정진하여 어려운 이웃을 돕고 함께 밝은 사회를 이루는데 기여하며 살고 싶습니다. 이는 바로 부처님의 근본 가르침이기 때문입니다. 개인적인 공부와 함께 이웃을 사랑하는 삶은 저의 불교공부를 지혜와 자비로 이끄는 크나큰 방편임을 확신하고 있습니다.

저의 살아온 이야기를 묶으며, 제 경험에서 배운 지혜와 삶의 나침반과 같은 부처님 말씀, 그리고 법우들과 함께 성찰하고 싶은 내용을 '성공인생 마음공부'로 함께 엮었습니다.

법우님들과 함께 동고동락(同苦同樂)하며 부처님의 가르침을 수행하며 살아가고 싶습니다. 감사합니다.

2009년 9월 최우환

Contents

책을 펴내며 • 4

01 가난 속에서 꾼 꿈

깡다구 있는 개구쟁이 · 015

성공인생 마음공부 1 _ 올 때도 빈손, 갈 때도 빈손 · 018

설렘 가득한 서울 상경 · 020

작은 아버지를 보며 키운 약사의 꿈 · 022

성공인생 마음공부 2 _ 불교는 맹신이 아닌 '참 나'를 찾는 길 · 023

02 쌀 배달하며 고행하는 청년

공동수도, 공동화장실에 관한 추억 · 030

성공인생 마음공부 3 _ 명상을 생활화하면 한 분야의 달인이 된다 · 032

바위에 깔려 수십 명이 죽다 · 034

성공인생 마음공부 4 _ 베푸는 마음이 행복의 문을 연다 · 036

자투리 시간에 주경야독하며 성공 꿈꿔 · 040

성공인생 마음공부 5 _ 시련을 통해 부처님 마음을 닮아간다 · 044

비탈길 오르며 쌀 배달 '값진 고행' · 046
성공인생 마음공부 6 _ 마음을 닦으면 얼굴도 달라진다 · 050

"Time is Gold" · 052
성공인생 마음공부 7 _ 도둑은 늘 내 안에 있다 · 056

03 전문의가 된 집념의 중생

20년 인생 계획서 쓴 대학 1년생 · 061
성공인생 마음공부 8 _ 성공한 사람이 24시간을 쓰는 법 · 064

라면 먹으며 군 위탁 장학생 도전 · 066
성공인생 마음공부 9 _ 긍정적인 마음은 밝은 삶을 창조하는 화가 · 069

연세대 구강안악면외과 수련의 '타 대학 출신 1호' 기록 · 071
성공인생 마음공부 10 _ 하심 · 공경은 최고의 처세술 · 075

가슴에 전화기 올려놓고 자는 레지던트 · 079

남을 살리는 의료행위는 나를 살리는 일 · 081
성공인생 마음공부 11 _ 위기가 기회다, 실패를 두려워 말아야 · 083

04 부처님을 만나 세상을 새롭게 보다

성공인생 마음공부 12 _ 지혜로운 사람은 자신을 다룬다 · 090

위암으로 세상 떠나신 아버지 · 092
성공인생 마음공부 13 _ 언제 어디서나 할 수 있는 수행이 참선 · 094

군 입대 신체검사 비리 거부 · 097
성공인생 마음공부 14 _ 중생을 사랑한 대의왕 부처님처럼 · 101

후배들에게도 배우는 자세로 · 103
성공인생 마음공부 15 _ 벗을 만나지 못하면 코끼리처럼 혼자 가라 · 106

이치영 군승법사님을 통해 부처님을 만나다 · 109
성공인생 마음공부 16 _ 마음의 주인공이 되게 하는 금강경 · 114

"삼일동안 닦은 마음은 천년의 보배" · 116
성공인생 마음공부 17 _ 오계는 자기관리의 핵심 키워드 · 119

불교 책 100여 권 독파 · 121
성공인생 마음공부 18 _ 일하지 않으면 먹지 않는다 · 123

05 이상형의 아내는 보살님

성공인생 마음공부 19 _ 아내는 부처님, 환자를 보살님으로 보면... · 130

종교와 경제 문제를 둘러싼 갈등과 사랑 · 133
성공인생 마음공부 20 _ 남편과 아내의 도리 · 137

고된 약국생활, 남루한 지하 전세방 · 141
성공인생 마음공부 21 _ 수행은 연습, 생활이 실전이다 · 144

06 부처님 가피로 행복한 의사

IMF 시절 의원 첫 개업 · 151
성공인생 마음공부 22 _ 단꿈에 빠져 사는 위태로운 인생 · 153

'천지동근(天地同根), 동체대비(同體大悲)' · 157
성공인생 마음공부 23 _ 너는 네 세상 어디쯤에 와 있는가? · 159

병원은 살아있는 부처님 만나는 법당 · 161
성공인생 마음공부 24 _ 껍데기로 하는 수행은 하나마나 · 163

환자에겐 좋은 병원, 가족에겐 좋은 집을 · 166
성공인생 마음공부 25 _ 행복의 파랑새는 '지금 여기'에 있다 · 169

물질적인 풍족, 마음은 허무 · 171
성공인생 마음공부 26 _ 일상 속에서 지혜를 닦고 공덕 쌓아야 · 174

부처님을 가까이 할 장소는 어디인가? · 177

지하철 출퇴근, 한 달 용돈 10만원 · 178
성공인생 마음공부 27 _ 작은 일도 제때 해야 큰 일을 성취한다 · 181

"나는 참 감사한 삶을 살고 있구나" · 183
성공인생 마음공부 28 _ 작은 은혜에도 감사하는 삶이 풍요롭다 · 185

07 잘 살 원인을 짓는 공덕 쌓기

"병원에 오니 왕 대접 받는 것 같아요" · 191
성공인생 마음공부 29 _ '만사형통'을 선사하는 미소와 겸손 · 194

스님들 치료 잘 해드려 수행을 돕자 · 198
성공인생 마음공부 30 _ 가장 큰 공덕은 환자를 돌보는 것 · 201

세민 스님과의 인연과 자원봉사 · 203

조계사 · 종로구청과 협력병원 조인식 · 204

성심껏 진료하는 게 복 짓는 일이자 수행 · 206

24시간 맑은 정신으로 깨어있는 사람 · 208
성공인생 마음공부 31 _ 혁신, 나와 세상을 끝없이 변화시키는 힘 · 211

치|과|의|사|가|들|려|주|는

성공인생
마음공부

01
첫 번째 이야기

가난 속에서 꾼 꿈

남들과 조금 다른 점이 있다면
소위 '깡다구' 가 강해 남한테 지기 싫어하고 아이들과 몰려다니며 싸움을 자주 하
기도 한 개구쟁이였다. '깡다구' 가 잘못 사용되면 고집쟁이나 폭력배가 되는 요인
이 되기도 하겠지만 잘만 활용되면 어느 분야에 몰두하여 성공할 수 있는 집념을 낳
기도 한다.

첫 번째 이야기

가난 속에서 꾼 꿈

나는 1962년 전라남도 영광군 영광읍 남천리(1954년 행정구역개편에 따라 남주리로 변경) 257번지에서 태어났다. 6남매 중 차남으로 태어난 나의 어릴 적 시절 모습은 시골이 고향인 여느 중년 남성의 유년 시절과 다름이 없었다.

학교(영광초등학교)가 파하면 가방을 집에 던져 놓고는 동네 아이들과 구슬치기, 땅 따먹기 따위의 놀이를 하거나 동네 여기저기를 쏘다니다가 저녁 어스름이 짙게 깔리고서야 집으로 돌아오곤 했다.

남들과 조금 다른 점이 있다면 소위 '깡다구' 가 강해 남한테 지기 싫어하고 아이들과 몰려다니며 싸움을 자주 하기도 한 개구쟁이였다. '깡다구' 가 잘못 사용되면 고집쟁이나 폭력배가 되는 요인이 되기도 하겠지만 잘만 활용되면 어느 분야에 몰두하여 성공할 수 있는 집념을 낳기도 한다. 내게는 촌놈의 '깡다구'가 악착같이 성공하려는 에너지의 원천이었다는 생각이 든다.

깡다구 있는 개구쟁이

우리 가족이 살던 집은 그런대로 번듯해 보이는 기와집이었다. 하지만 두부공장을 하시던 부모님의 소득은 8명이나 되는 식구들의 배를 채워주기엔 부족했다. 당시엔 어느 집이나 마찬가지였지만, 음식이 부족한 시절이었다.

먹고 사는 일이 가장 중요한 일이기도 했지만, 부모님은 당신들이 많이 배우지 못한 때문인지, 자식들의 공부에 별다른 욕심이 없었다. 그저 나중에 자기 밥벌이만 할 정도면 그만이라는 마음이셨다. 아버지는 중학교만 졸업하셨고, 어머니는 초등학교조차 졸업하지 못하셨는데, 당시 대부분 사람들의 학력은 그 정도 수준이었다. 요즘처럼 자식이 한 둘에 불과한 시절에는 어떻게든 일류 학교에 진학시키려는 것이 부모님들의 일반적인 성향이지만, 당시에는 오로지 자식들 입에 풀칠하는 것이 당면의 과제인 배고픈 시절이었다.

당시 동네 골목 어귀에 있던 치과의원 풍경이 아련하게 떠오른다. 판잣집 2층에 자리 잡은 치과는 각종 의료설비가 배치된 지금의 치과의원과 비교할 때 천지 차이였던 것 같다.

주로 치아를 뽑으러 온 손님들이 대부분이었고 지금처럼 임플란트(치아의 결손과 치아의 기능을 대용시키는 목적으로 턱뼈에 묻는 인공적인 물질)나, 스케일링(스케일러라는 기구를 이용하여 치석을 제거하는 것), 치아 교정 등은 꿈도 꾸지 못했던 시절이다. 하지만 어릴 적 치과의원을 보며 자랐던 내가 치과의사가 되었다는 것은 결코 우연이 아닌 듯하다. 어릴 적 무의식 속에서 동경의 대상이었던 치과의사를 향한 잠재의식이 자라고 있었는지도 모른다.

초등학교 1학년이 되던 해, 아버지께서는 동네에서는 돈벌이가 안 된다며 나와 동생들을 큰 누님과 작은 누님에게 맡기고는 어머니와 함께 서울로 상경하셨다. 서울에서 인쇄업을 하시는 분의 회사에 들어가 월급쟁이를 하시게 된 것이다. 당시만 해도 일할 수 있는 직장이 없었기 때문에, 월급쟁이가 된다는 사실은 시골에서는 부러움을 살만한 일이었다.

나는 부모님이 안 계신 집이 쓸쓸하기도 했지만 누님 두 분이 있어 그리 외롭지는 않았다.

오히려 그러한 환경을 즐기기라고 하듯 천방지축으로 뛰어 놀았던 것 같다. 그러나 돈이 없다보니 밥상에는 항상 김치와 밥 밖에는 먹을 것이 없었다.

| 성공인생 마음공부 1 |

올 때도 빈손, 갈 때도 빈손

스님들이 출가해서 처음으로 공부하는 『초발심자경문』이란 책에는 다음과 같은 말이 나온다.

"세상에 올 때는 한 물건도 가지고 오지 않았으며 갈 때도 빈손으로 간다. 내가 가진 것에 욕심이 없는데, 다른 사람 재물에 어찌 욕심을 내겠는가. 한평생 모은 많은 재물도 가져가지 못하며 오직 몸이 지은 업만 가지고 갈 뿐이다. 헛된 욕심을 채우기 위해 사는 것은 허망하다. 해가 매일 같이 서쪽으로 기우는 것처럼 사람은 스스로의 삶을 되돌아볼 줄 알아야 한다."

보릿고개를 경험한 어르신들은 가난이 무엇인지를 뼛속 깊이 알기에 근검절약이 몸에 배어있다. 그리고 하루 세 끼 밥을 먹는다는 사실이 얼마나 고맙고 거룩한 일인지를 안다. 그래서 매사에 감사하고 남의 것을 훔친다거나 과욕을 부리는 일이 적다.

반면, 요즘 세대들은 비교적 풍족한 시대에 태어나 배고픔이 무엇인지를 모른다. 부모님들의 사랑과 함께 물질적으로도 넉넉하게 자라다 보니 매사에 감사할 줄 모르고 불평이나 불만도 많은 것 같다. 어릴 적부터 부모님의 보살핌 속에서 풍족한 생활을 하다 보니 커서도 의존적인 생활을 하게 되고 과욕을 부리는 경우도 적지 않다.

부잣집에서 태어났든, 가난한 집에서 태어났든 사람은 누구나 빈손으로 왔다 빈손으로 간다. 그러한 이치를 알고 지나친 욕심을 삼가며 작은 일에 감사하고 안분지족(安分知足)하는 삶을 살아간다면, 부족하면 부족한 대로 여유와 즐거움을 갖고 살게 된다. 지금 부족한 것 없이 마음 편하게 살고 있는 독자들이 부모님과 사회, 나라의 은혜에 깊이 감사하고 모든 사람의 행복을 위해 살아가는 마음자세를 가진다면, 인생은 지금 보다 정신적으로도 여유롭고 물질적으로도 더욱 풍요로운 삶을 살게 될 것이다.

설렘 가득한 서울 상경

그러다 초등학교 3학년 때 누님 두 분은 고향에 남고, 나를 포함한 4남매는 부모님이 계신 서울로 상경했다. 서울 집은 아현동 굴레방다리 부근의 방 한 칸짜리 전셋집이었다. 좁은 집에 많은 식구들이 함께 살다보니 집이 비좁다는 생각이 들기도 했지만, 가족들이 살을 맞닿으며 아웅다웅 하며 사는 것이 더없이 행복하기만 했다. 부모님과 떨어져 살다가 함께 산다는 그 사실만으로도 즐겁기만 했다.

그 당시 시골에서 서울로 전학 가는 학생이 드물어서 친구들이 무척 부러워했던 기억도 난다. 나 또한 무슨 큰 성공이나 한 것처럼 무척 아버지가 자랑스러웠다. 서울로 전학 간다는 기분 때문에 친구들에게 무척 우쭐대곤 했던 것 같다. 그때는 많은 사람들이 먹고 살기 위해 서울로 많이 이사 갔던 시기였다.

아현초등학교로 전학을 간 나는 서울 풍경이 신기하게만 느껴졌다. 거리의 멋진 사람들과 다양한 물건을 파는 가게들, 많은 사람을 실어 나르는 버스, 짐짝을 뒤칸에 싣고 분주히 달리는 용달차들은 고향에서 막연하게 그리던 서울의 모습과 흡사했다.

그러나 서울로 이사를 왔다고 해서 가난이 해결되지는 않았다. 월급쟁이 아버지는 삶이 고되다보니 술을 자주 드시는 편이셨다. 빈곤과 가난이 횡행하던 1970년대 시절, 가족들의 의·식·주 해결을 위하여 고향을 등지고 훌쩍 서울로 상경해 팍팍한 세상살이를 경험한 사람이 어디 나의 아버지뿐이랴. 하지만 아버지는 내색 한 번 하지 않고, 타향살이의 고단함을 술로 달래셨던 것 같다.

또한 아버지는 10남매의 장손으로 태어난 분이라서 동생들 뒷바라지까지 도맡으면서 더욱 어깨가 무거워 우셨던 것 같다. 지금 생각해보면 7명의 식솔과 동생네들 생활 형편까지 돌봐야 했던 아버지께서 짊어진 삶의 무게는 만만치 않았으리라 생각한다. 자신보다는 가족과 친족의 생계를 걱정하며 헌신한 삶이 아버지 세대의 일생이 아니었을까. 삶은 비록 고달팠지만, 남을 위해 산다는 것처럼 신성하고 많은 배움을 가져다주는 일은 없을 것이다. 그러한 아버지 세대의 모습을 보고 자란 나는 어른이 되어 가족과 어려운 이웃을 위해 살아가리란 생각을 어렴풋이 품게 되었던 것 같다.

작은아버지를 보며 키운 약사의 꿈

우리 집에서 그리 멀리 떨어지지 않은 곳에서는 작은아버지께서 약국을 운영하고 계셨다. 다양한 이름이 새겨진 갖가지 모양의 약들이 즐비한 약국에서 하얀 가운을 입고 계신 작은아버지의 모습은, 왠지 우리 가족의 삶과는 차원이 달라 보였다. 말끔한 옷차림에 인텔리한 인상, 그리고 아픈 사람들에게 선처하듯 약을 조제해주는 그이는 어린 나에게 막연한 선망의 대상이었다. 그래서 나는 '커서 나도 작은아버지처럼 약사가 되어야지' 하는 꿈을 가졌다.

내가 약국을 동경하게 된 건 사실 작은아버지의 약국때문만이 아니다. 영광에 살 때 동네에는 아담하지만 깨끗하게 단장된 '서울약국'이 있었다. 그 가게에는 내 또래의 딸이 있었는데, 예쁘장하고 귀여운 얼굴의 소녀로 기억한다. 약국을 해서 그런지 그 집은 동네에서 부자로 손꼽혔다. 개구쟁이였지만 수줍음이 많던 나는 멀찍이서 그저 소녀를 바라보기만 했던 것 같다. 부잣집 소녀에 대한 부러움과 함께 흰 가운을 입은 약사가 아픈 사람들을 낫게 해준다는 사실이 무언가 거룩한 직업이라는 막연한 동경이 있었다. 어린 시절의 동경이 의사의 길로 나아가게 한 무의식적인 배경이 되었던 같다.

| 성공인생 마음공부 2 |

불교는 맹신이 아닌 '참 나'를 찾는 길

불교는 다른 종교와 달리 절대자를 맹신하는 종교가 아니다. 누구를 무작정 따라가고 신(神)을 연구하는 종교도 아니다. 누가 "아무개야!" 하고 부르면 "네!" 하고 대답할 줄 아는 자기의 본래 마음, 참나, 주인공을 찾아가는 종교라 할 수 있다. 주인공은 다름 아닌 바로 참다운 자기 자신이다.

불교 이외의 여타 종교는 자아발견에 대해 말하는 것이 흔치 않고, 설사 말한다 해도 깊이가 얕은 것이 사실이다. 서양의 종교들은 대부분 어떤 유일신이나 위대한 존재를 좇는 경향이 있지만 불교는 신이 아닌, 인간의 본성(本性)을 찾는 구도의 길이다. 철두철미하게 자기를 바로 보고, 참 자아를 찾아가는 수행의 길이다.

향은 신문지에 싸두어도 향기가 풍기듯, 늘 자기를 돌아보고 마음을 닦는 사람은 고요한 수행의 향기를 풍긴다. 자기 마음이 여유롭고 행복하면, 그 마음이 가족과 주변, 사회에 전해지지 않을 수 없다. 자신의 일거수일투족을 관찰하며 사는 수행자는 자신의 인격을 완성해 주변 사람들을 행복하게 해주기 위해 나선다. 개인적인 깨달음과 함께 사회를 위해 봉사하는 것은 깨달음의 사회적인 회향인 셈이다.

사람들은 불교가 '공(空)'을 강조한다고 알고 있다. 이것은 지나친 욕심을 버리라는 가르침이지 사람들에게 유용한 물질을 모두 버리라는 뜻이 아니다. 이를 잘못 해석하여 "삶을 자포자기하라는 것이 아니냐?"고 묻는 사람이 있는데, 이는 절대 아니다. 진정한 불교인은 더 노력하고 더 근검절약하며 알뜰하게 살아간다. 그리고 항상 긍정적인 마음으로 진리를 공부하고 이웃을 사랑하며 봉사의 삶을 살아간다. 내 마음의 쓸데없는 욕심이 비어지면, 세상 전체가 자기 자신이 되어 충만한 기쁨 속에서 살아갈 수 있는 것이다.

의원은 도량이며,

의원을 찾는 환자와 스님들은 나의 스승이자 도반이라고 생각한다.

내 마음이 더욱 안정되고 무심無心이 될 때는 모든 분들이 부처님으로

여겨져 감사한 마음이 들고 저절로 공경하게 된다.

02
두 번째 이야기

쌀 배달하며 고행하는 청년

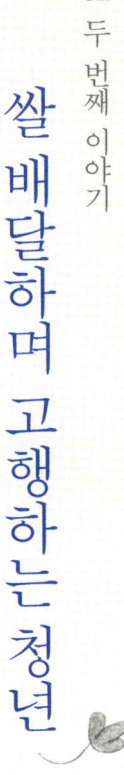

내가 중학교 1학년으로 올라갈 무렵, 아버지는 약사인 작은아버지의 도움을 얻어 서울 금천구 시흥동에서 상가를 얻어 쌀가게를 하게 된다. 머리와 몸이 재법 자란 나는 '이제 부모님을 도와야겠다.'는 생각을 하게 되었다.

두 번째 이야기

쌀 배달하며 고행하는 청년

내가 중학교 1학년으로 올라갈 무렵, 아버지는 약사인 작은아버지의 도움을 얻어 서울 금천구 시흥동에서 상가를 얻어 쌀가게를 하게 된다. 머리와 몸이 제법 자란 나는 '이제 부모님을 도와야겠다'는 생각을 하게 되었다. 어려서는 가난을 우리 가족에게 주어진 운명처럼 생각했지만, 철이 들고 보니 가정을 위해서 내가 제몫을 해야겠다는 마음이 자연스럽게 생기게 되었다.

철이 든다는 것은 이제 자기 자신을 돌아보게 된다는 뜻이었다. 춘추전국시대 공자의 제자인 증자는 하루에 자신을 되돌아보는 일을 게을리 하지 않았다고 한다. 증자는 "나는 매일 내 몸을 세 번 살핀다[吾日三省吾身]. 남을 위해 일을 도모하는데 충실하지 않았는지[爲

28 성공인생 마음공부

人謀而不忠乎], 벗과 함께 사귀는데 신의를 잃지 않았는지[與朋友交而不信乎], 스승에게 배운 것을 익히지 못하지는 않았는지[傳不習乎]" 스스로 자기 점검을 했다는 것이다. 자기를 돌아본다는 것은 반성적(反省的)인 인간이 된다는 뜻이고, 비로소 사람다운 사람이 된다는 뜻일 것이다.

 학교를 마치고 돌아오면 자전거에 쌀을 싣고 배달하는 건 나의 중요한 일과 중 하나였다. 지금은 마트 같은 데서 종이 부대에 담긴 20kg, 40kg짜리 쌀을 사서는 자가용에 싣고 오는 경우가 다반사지만, 당시에는 쌀이 귀한 때인지라 손님이 쌀가게에 주문하면 주인이 손님 집까지 쌀을 배달해주고 배달료를 받는 식으로 영업이 이뤄졌다. 심지어 쌀을 손님 집의 쌀통에 직접 부어주고 빈 자루는 다시 가져와야 했다. 요즘에는 흔하디흔한 쌀자루 역시 귀하던 때라 다시 쌀을 담는 데 사용하기 위해서였다.

 우리 동네는 산 중턱에 위치한 산동네여서 비탈길이 많았기에 쌀 배달을 하는 일은 무척 고됐다. 그런 여건에서도 아버지는 공부도 게을리 하지 않고, 열심히 노력하는 나의 모습을 보고 항상 칭찬해주시고 대견해 하셨다. 말씀이 별로 없고, 표현도 잘 안 하시는 아버지이시지만, 나를 바라보는 아버지의 눈빛을 통해 자식을 사랑하는 마음을 읽을 수 있었다. 그런 믿음과 사랑, 격려 속에서 나는 더욱 자신감을 갖고 즐겁게 배달 일을 할 수 있었다.

가끔 퇴근길에 간식거리로 호빵, 군고구마 등을 가슴에 가득 품고 환한 웃음을 지으시면서 집 안에 들어서시던 아버지를 보며, 가족 모두가 즐겁게 하루 일과를 얘기하며 맛있게 먹었던 기억이 난다. 힘들었지만 가족이 함께 할 수 있었던 그 시절이 언제나 그립다. 요즘처럼 핵가족화된데다 자식교육을 위해 가족이 태평양을 두고 떨어져 사는 경우가 많은 모습을 보면 참 안타깝다. 따뜻한 가족의 사랑 속에 자라는 아이가 안정적인 심성을 가진 어른으로 자라는 것이 아닐까 한다.

공동수도, 공동화장실에 관한 추억

서울 아현동 굴레방다리 못지않게 우리가 살던 시흥동 또한 남루한 풍경의 회색빛 동네였다. 화장실은 집집마다 있는 게 아니라 여러 집이 함께 쓰는 공동화장실이었다. 그곳에 가면 항상 심한 악취가 풍기고, 누렇고 이끼같이 퍼런 색깔을 뒤집어 쓴 소변 통이 길게 늘어져 있었다. 지저분한 이야기 같지만, 대변보는 곳은 물을 내리지 않아 사람의 똥이 마치 가래떡이 똬리 튼 것 마냥 변기 위에 수북이 쌓여져 있었다. 그래서 대변을 볼 때는 엉덩이가 닿지 않게 공중에 들고 일을 봐야 했다.

물도 공동수도를 사용해야 했다. 물지게를 지고 수돗가에 가서 돈을 주고 물을 받아다 써야 했는데, 항상 사람이 많아 1시간이나 줄을 서서 기다리는 것은 예삿일이었다. 그마저도 늦은 저녁 시간에는 물 공급이 끊겨, 미리 물을 받아오지 않으면 다음날 아침에 제대로 씻지 못하는 경우가 발생하기도 했다.

공동수도나 공동화장실의 불편함은 가난했던 당시 한국사회의 현실로 봤을 때는 오히려 평범한 일일 수도 있었다. 나는 동네에 살면서 더 비참한 사건을 목격하며 가난의 고통과 참혹함이 무엇인지를 생생하게 느끼기도 했다. 그 당시의 사람들은 먼저 가난에서 벗어나는 일이 지상의 과제였다. 그러한 고난과 큰 각오가 있었기에, 우리는 비약적인 경제성장을 통해 가난에서 벗어날 수 있었을 것이다.

| 성공인생 마음공부 3 |

명상을 생활화하면 한 분야의 달인이 된다

가장 간단한 명상은 자신의 몸과 느낌, 마음 등을 고요히 객관적으로 관찰하는 것이다. 이러한 관찰의 힘이 깊어지면 일상생활을 하더라도 불필요한 일이나 일과 사람에게 휩쓸려가는 일을 당하지 않게 된다. 그리고 늘 고요한 상태에서 깨어있기 때문에 무슨 일을 해도 집중력을 갖게 된다. 아침에 일어나 잠들 때까지 자기를 바라보는 명상을 하게 되면 일상생활 그대로가 수행이 된다.

이러한 원리를 일에 적용하면 자신도 모르게 놀라운 능력을 발휘하게 된다. 사람은 자신이 하는 일을 통해 잠재력을 발휘해야 한다. 그러려면 먼저 일에 흥미를 가져야 한다. 흥미가 없으면 일과 사람이 하나가 될 수 없다. 일에 몰두해 또렷또렷하게 깨어있는 상태에서 작업하다 보면 어느새 일하는 사람은 사라지고 동작만 느끼게 된다. 이런 무심(無心)의 상태에서 위대한 창조가 일어나고 믿기 힘든 성과를 이뤄내게 된다.

그리고 늘 깨어있는 사람은 삶에 끌려 다니는 것이 아니라 삶을 굴리는 사람이 된다. 언제 어디서나 삶의 주인이 되어 사는 사람이 진정한 달인이다. 자신이 어떠한 조직의 타율적인 관리 방식에 놓여 있게 되면 자기가 하는 일에 흥미를 느끼지 못하게 되며, 마치 마모되는 기계 부품과 같은 소극적이고도 수동적인 삶을 살게 된다.

한 분야의 달인이 되기 위해서는 자신의 인생을 송두리째 걸고 일을 해야 하며, 그러기 위해서는 인내와 열의, 정성을 다해야 한다. 그래야 스스로 기쁨과 성취감을 느낄 수 있다. 자신이 하는 일을 천직이라 생각하고 스스로 자부심을 느끼면서 모든 사람의 행복을 느낀다면 이런 사람은 한 분야의 마스터이자 명장(名匠)과 같은 존경받는 삶을 살게 된다.

바위에 깔려 수십 명이 죽다

양정중학교 1학년 시절로 기억한다. 우리 동네에는 산 밑에 경사진 언덕에 무허가 판자촌이 있었는데, 비가 오는 날이면 산 위의 바위들이 항상 위태로웠다. 빗물에 흙이 흘러내리면 지반이 약해져 산에 있던 바위들이 판자촌을 향해 굴러 떨어지는 사태가 발생하곤 했기 때문이다.

어떤 때는 집채만 한 바위에 깔려 한꺼번에 주민 50명이 죽어나가는 사고가 발생해, 방송이나 신문에 대서특필 되기도 했다. 또한 물난리가 나기라도 하면 개울가에는 사람 시체가 떠내려 오기도 했는데, 나는 바닥을 치며 대성통곡하는 유가족들의 모습을 지금도 잊지 못한다. 게다가 시체들 속에는 꽃을 피우지도 못하고 죽은 내 또래의 어린 학생도 있었다. 당시로서는 충격적인 영상들이었다. 어린 나이에 생로병사의 고통을 뼈저리게 느끼지는 못했지만, 이러한 경험을 통해서 인간의 삶이란 참으로 고달프다는 것을 실감할 수 있었다. 특히 죽음에 대한 목격은 인간의 삶이 얼마나 나약하고 유한한지를 알게 한 계기가 되었다. 우리가 사는 '사바세계(娑婆世界)'라는 뜻이 '참아야 하는 세계'라고 하듯이, 사바세계가 '고통의 바다(苦

海)' 임을 절감하게 되었던 아픈 기억이었다.

아직 철이 덜든 나이였지만, 당시 나는 속으로 '비록 고된 일을 하지만, 그나마 부모형제와 함께 살고 있는 나는 행복하구나' 하고 독백처럼 되뇌었다. 고된 일상 속에서도 건강하게 살고 있다는 사실만으로도 부모님의 은혜에 감사하는 마음을 갖게 된 것은 지금 생각해도 기특한 일이 아닐 수 없었다. 더욱이 이러한 간접 경험은 내게 성공에 대한 확실한 동기부여를 하기에 충분했다. 나는 '어이없이 참혹한 죽음을 당하지 않기 위해선 가난에서 벗어나야 한다'는 다짐을 저절로 하지 않을 수 없었다. 내가 가난에서 벗어나 성공해야만 가족과 어려운 이웃도 도울 수 있을 것이란 막연한 자비심도 갖게 되었다. 아직 불교와는 인연이 싹트지 않았지만, 나도 행복하고 남에게도 도움이 되는 자리이타(自利利他)의 보리심을 싹틔운 계기가 되었던 것 같다.

| 성공인생 마음공부 4 |

베푸는 마음이 행복의 문을 연다

하늘과 사람의 큰 스승이신 부처님 역시 제자나 신도들을 위해 손수 이타행을 보이신 경우가 경전 곳곳에서 보인다. 『중아함경』에서 부처님께서는 제자들이 아나율타 존자를 위하여 옷을 만들고 있을 때 "아난아, 너는 왜 내게는 아나율타를 위하여 옷을 만들자고 청하지 않았느냐?"고 말씀하시며, 비구들이 옷 짓는데 찾아가 함께 옷감을 펴 마름질하고 잇대어 붙이고 기웠다.

또한 『법구경』에서 부처님은 소를 잃어버려 찾아 헤매던 농부가 밥 때를 놓치고 설법자리에 오자, 집주인에게 농부를 위하여 남은 밥을 주라고 하신 다음 농부가 밥을 다 먹은 뒤에야 비로소 설법을 베풀었다. 대중이 의아해 하자 부처님께서는 이렇게 설하셨다.

"농부가 법을 받아들일 준비가 된 줄 알고 내가 그 먼 지방으로 간 것이다. 그런데 만일 법을 듣다가 배고픔을 느낀다면 배고픔

때문에 여래의 가르침을 충분히 받아들이지 못하게 될 것 아니겠는가? 그래서 여래는 먼저 그의 배고픈 고통부터 해결시켜준 것이다. 비구들이여, 이 세상에서 배고픔처럼 견디기 어려운 고통은 없느니라."

법문보다 한 끼 밥을 먼저 챙겨 주셨던 부처님의 인간적인 면모는 나보다는 남을 배려하는 마음이 얼마나 중요한 지를 상징적으로 보여준다. 배고픈 자에게 밥을 주는 것이 진리를 말로 설하는 것보다 어쩌면 더 직접적인 가르침을 전한 것이 아닐까.

석가모니 부처님께서는 인간관계나 사회생활에서 반드시 갖추어야 할 중요한 덕목 중의 하나로 보시를 가장 크게 꼽으셨다. '보시하라', '보시하는 정신으로 살아라' 등 아무리 강조해도 부족한 것이 보시이다.

보시란 남에게 베푸는 것을 말한다. 물질적으로나 정신적으로 깨끗한 마음을 내어 법이나 재물을 아낌없이 베푸는 것을 보시라 한다. 보시는 가장 숭고한 마음이고 거룩한 행위이다. 때문에 부처님께서는 보시를 육바라밀(六波羅密; 보시 · 지계 · 인욕 · 정진 · 선정

・지혜바라밀) 중에서 으뜸으로 치셨으며, 보시만 잘 해도 피안(彼岸)의 세계에 도달할 수 있다고 강조하셨다.

항상 베푸는 마음을 가지면 행복은 구하지 않아도 어느새 저절로 함께 한다. 비록 작고 보잘 것 없는 것이라도 남에게 베풀고, 주는 마음을 가져 보자. 물질적으로 베풀 것이 없으면 배운 것만큼, 아는 것만큼 법을 베풀면 된다. 가볍게 말한 진실한 한 마디가 남의 인생을 바꿀 수도 있다.

부처님께서는 "보시하면 복은 늘어나고 원수는 없어지며, 선으로 말미암아 악이 제거되니 미혹이 다하여 열반을 증득하리라" 고 했다. 보시하면 누구나 바라는 복은 자연스럽게 늘어나고, 나를 미워하고 싫어하던 원수는 저절로 없어지며, 일체의 악(惡)마저 제거되니 불교의 이상적인 열반을 증득하게 되는 것이다.

보시 중에는 재물이나 법이 없이도 베풀 수 있는 것이 있다. 이른바 무재칠시(無財七時) 라는 것이다.

첫째, 마음을 열고 따뜻한 마음을 전해주라.

둘째, 몸으로 베풀라.

셋째, 좋은 눈으로 바라보라.

넷째, 웃음 띤 얼굴을 지어보라.

다섯째, 좋은 일만 하라.

여섯째, 양보심을 보이라.

일곱째, 우호적인 감정을 행동으로 옮기라.

부처님은 비록 이런 무재보시를 하여도 행복하고 성공한 사람이 될 수 있다고 하셨다. 베품에는 말로 미치지 못하는 기쁨이 수반된다는 것이다. 자비심 그 자체인 부처님과 같은 성자는 아닐지라도 늘 환한 미소와 따뜻한 말 한마디, 작지만 정성을 담은 보시를 할 줄 아는 사람은 이미 성자의 길에 들어선 사람이다. 거창한 성공을 들먹이지 않더라도 이미 성공한 사람이나 다름없을 **것이다.**

자투리 시간에 주경야독하며 성공 꿈꿔

매일 밤 11시까지 쌀 배달을 했던 나에게는 공부를 할 시간적 여유가 턱없이 부족했다. 그래서 쌀을 싣고 자전거를 타고 가면서도 스프링 달린 단어장을 흘낏흘낏 쳐다보며 영어단어를 암기하기도 했을 정도다. 요즘 버스나 전철에 서서 단어장을 외우는 아이들도 자전거 타고 다니면서 단어장 보는 기술은 아마 터득하지 못했을 것이다.

나는 배달이 없는 시간이면 쌀가게에 딸린 작은 방에 들어가 틈틈이 짬을 내어 토막 공부를 했다. 시간이 부족했기에 그 짧은 시간들이 너무나도 소중했다. 시간이 금처럼 여겨졌기에 순간순간 외우는 영어단어들이 카메라에 찍히듯 선명하게 뇌속에 영상처럼 기억되곤 했다. 그러나 한 칸짜리 방이다보니 비좁을 뿐 아니라 바깥에서 나는 사람들의 말소리 때문에 공부에 집중하기가 쉽지는 않았다. 그럴 때면 밤이슬을 맞으며 독서실로 가서 밀린 숙제를 해야 했다.

공부하기가 어려운 건 이러한 공간과 시간문제 때문만이 아니었다. 부모님들은 자식들의 공부에 큰 신경을 쓰지 않으셨다. 그래서 심지어는 가게 문을 닫고 공부를 좀 하려고 하면 부모님이 "그만 잠

좀 자라" 하시며 불을 꺼버리는 경우조차 있었다.

부모님이 자식들의 공부에 별 신경을 쓰지 않으신 건 당신들이 많이 배우지 못한 이유도 있지만, 적당히 학교나 졸업하고 밥벌이만 하면 되지 않겠느냐는 생각을 가지고 계셨기 때문이다. 출세다, 사업성공이다 하는 것은 자식들 입은 많고 가난한 집안 살림에 밥이라도 잘 먹고 식솔이 별 탈 없이 살아가는 것이 최우선이라는 부모님 세대에게는 '사치'로 여겨졌을 법하다. 그 당시 대부분의 사람들이 그랬듯이, 아버지도 제대로 된 교육을 받지 못하고, 6·25 한국전쟁 이후 어려운 시기를 살아왔기 때문에 먹고 사는 의·식·주 해결이 최우선 과제였던 것이다.

어쩌면 경쟁에서 이기기 위해, 또는 돈을 벌기 위해 남을 짓누르고 거짓말을 하고, 배신하는 것보다는 그처럼 소박한 마음으로 생을 살아가는 것이 정말 행복한 삶일지도 모를 일이다. 지나치게 가난하여 고통 속에 사는 것도 문제이지만, 분수에 넘치는 욕심으로 끝없이 성공만을 추구하는 삶 역시 힘겨운 삶인 것은 마찬가지가 아닐까.

지금 생각하면 웃지 못할 에피소드도 있었다. 당시 동네에는 정신이 나가서 거지처럼 돌아다니는 사람이 있었다. 그 사람은 서울대까지 다녔을 정도로 공부를 무척 잘했던 사람이라고 했다. 그래서 부모님은 '공부를 너무 잘 하면 저 사람처럼 미칠 수 있다'고 생각하셨던 것이다. 그 사람이 서울대를 다녔는지, 지방대를 다녔는지, 아니면 대학을 아예 다니지 않았는지 확인되지 않은 일이었음에도 사람들의 이야기와 소문에 동화되신 것이었다.

나는 열심히 공부해서 돈도 벌고 출세도 하여 가난을 벗어나고 싶은데, 그런 마음과 의지를 알아주지 않는 부모님이 다소 원망스럽기도 했다. 지금 생각해도 상당히 조숙한 학생이었던 셈이다. 중학교 시절 어느 날, 옆 친구들은 공부할 자료를 레이저 프린터로 출력해와서 보고 있었다. 나는 그것이 참 부러웠다. 나는 왜 저런 좋은 자료를 보며 공부할 수 없을까 하는 생각으로 남몰래 눈물을 흘리기도 했다. 이런 분한 마음이 성공에 대한 동기부여를 더욱 강하게 해주었던 것 같다. 어린 마음에도 승부욕이 상당했던 것 같다. 어린 시절, 깡다구로 뭉친 촌놈에게는 친구들에게 지기 싫은 마음이 가득했던 것 같다.

그리고 당시에는 학년 때마다 '가정생활 조사'라는 명분으로 부모님 학력, 직업, 승용차가 있는지 여부 등을 적어서 학교에 제출하는 연례행사가 있었다. 그럴 때마다 나는 부모님 직업을 '상업'이라고 적었다. 쌀가게를 한다는 사실을 적기가 부끄러웠기 때문이다. 하지만 지금 생각해보면 내가 당당하게 부모님 직업을 적지 않았던 것이 후회되고 부끄럽다.

| 성공인생 마음공부 5 |

시련을 통해 부처님 마음을 닮아간다

사람들은 절에 다니면서 부처님 가르침을 따라 부처님처럼 살기보다는 복을 바라며 기도하는 이들이 많다. 생활 속에서 온갖 어려움을 겪은 사람들은 더욱 절박한 심정으로 절에서 간절한 기도를 올린다. 하지만 자신의 행복만을 위한 기도는 참된 기도도 아닐뿐더러, 수행의 길에서는 정도(正道)라고 할 수도 없다.

사람의 인격은 고난과 역경 속에서 완성되기 마련이기에, 인생의 고통은 나를 단련시키고 참된 나의 성품을 드러내기 위한 인생공부의 여정임을 잊지 말아야 한다. 그리고 참된 기도는 나와 세상이 모두 평화롭고 행복해지길 바라는 기도이다. 성철 스님이 생전에 "남을 위해 기도합시다" 라고 말했듯이, 남을 위한 기도가 훌륭한 기도이며, 그 공덕 또한 크다.

우리의 기도는 욕심을 내어 무엇을 얻기 위한 것이 되어서는 안 된다. 오히려 삿된 욕망을 비워 참된 본성으로 돌아가기 위한 수행의 한 방편이 되어야 한다. 자신의 마음을 비우기 위해서는 아침저녁으로 남을 위해 기도하는 것을 생활화하는 것이 좋다. 이웃에 사랑을 베풀고 마음을 올바로 써야 부처님의 마음, 즉 불심(佛心)과 하나 될 수 있다. 남의 불행과 고통을 내 것으로 여긴다면, 세상 모든 이를 존중하고 사랑하지 않을 수 없다. 그러한 마음자리에서 하는 기도라야 참된 기도이고, 수행이라 할 수 있다.

누구나 자신이 씨를 뿌린 만큼 거둔다. 가정이나 직장에서 열심히 일을 하든, 수행을 하든, 기도를 하든, 동체대비의 마음으로 남을 위해 회향할 때 그것이 씨앗을 가장 잘 뿌리는 방법이 아닌가 한다.

비탈길 오르며 쌀 배달 '값진 고행'

부모님은 소처럼 성실하게만 일하시고, 나도 열심히 집안일을 거들고 하다 보니 살림이 조금씩 나아졌다. 우리 집은 돈을 벌어 마침내 상가를 사서 1층에는 쌀가게를 내고, 2층에는 방 2칸짜리 보금자리를 가질 수 있었다. 그럼에도 쌀 배달을 하는 일은 내가 여전히 도맡아야 할 숙제였다. 실상 자전거 자체만도 어린 나에게는 꽤 무거운 터였는데, 보통 60kg 무게의 쌀을 얹고 다녔으니 감당하기에 많이 벅찼음이 당연하다.

너무 무겁다 보니 '사고'를 낸 적도 다반사였다. 자전거에 쌀을 싣다가 그만 균형을 잡지 못해 바닥으로 쌀자루를 떨어뜨리거나, 어떤 때는 쌀자루까지 터져서 난감했던 적이 많았다. 그뿐만이 아니다. 중국집으로 밀가루를 싣고 배달하다가 중심을 잡지 못해 그만 거리를 온통 새하얀 밀가루로 흩뿌렸던 걸 생각하면 지금도 얼굴이 화끈거린다. 하지만 아무려면 어떠랴, 가족의 생계에 보탬이 되기 위해서 나는 그만둘 수가 없었다. 고3 수험생이 되어서도 쌀 배달하는 일을 소홀히 하지 않았다.

어린 나이에 쌀 배달을 하면서 힘든 생활을 뼈저리게 느꼈던 나는 어떤 비애감이 오히려 희망이 되었던 것 같다. 공부할 시간이 없어서 공부를 포기한 것이 아니라 시간을 금쪽같이 여기면서 '공부를 열심히 하여 꼭 성공하리라'는 굳은 결심으로 책상머리를 지켰던 것이다. 생각하건대 당시의 경험은 현재는 물론이거니와 미래에서도 크나큰 인생 공부를 했던 시기였다고 생각한다. 즉 어려웠던 시간이 영원히 기억할 만한 값진 시간이 된 것이다.

가정경제가 나아지는 듯했지만, 워낙 식구들이 많다 보니 가난은 악착같이 가족을 떠나지 않았다. 열심히 일을 도왔지만 집안 형편이 썩 나아질 기미는 보이지 않았다. 가난에서 벗어나고 싶어서 피곤한 몸을 이끌면서도 학업에 매달렸다. 졸음이 나를 잡아끌어도 절대 나가떨어지지 않겠다는 일념으로 책상을 지켰던 것 같다. 그리하여 나의 학업 성적은 언제나 상위권이었다. 노력만큼 진실한 것이 또 있을까.

그러나 힘겹게 상위권을 유지하던 내게 고배(苦杯)를 마시게 된 순간이 찾아왔다. 고3 체력장 시험을 보기 며칠 전, 쌀자루를 들다가 그만 허리를 삐끗한 것이었다. 아픈 허리를 구부리고 체력장 시험을 보려니 끔찍하리만치 괴로웠다. 윗몸 일으키기나 멀리 뛰기를 제대로 하지 못해 그만 남들에겐 '따 놓은 점수'였던 체력장 시험에서 형편없는 점수를 기록한 것이다.

체력장에 낮은 점수를 받았어도 끝까지 대입 시험을 포기하지는 않았다. 당시 나의 꿈은 어느새 치과의사가 되는 것이었다. 초등학교 때만해도 작은아버지처럼 약사를 해야겠다는 생각을 했으나, 치과의사가 되겠다는 결심은 순식간에 찾아왔다. 어느 날, TV에서 '뽀드득' 하며 치약 선전을 하는 것을 보고는 치과의사가 되면 좋겠다는 생각이 들었던 것이다. 고등학생 시절만 해도 치과란 학문이 세상에 잘 알려지지 않았다. 그래서였을까. 사람의 치아를 하얗고 건강하게 만드는 일이 훨씬 더 매력적인 직업으로 느껴졌던 것이다.

그러나 꿈은 좌절되고 말았다. 대입 시험에 낙방을 한 것이다. 하지만 실패에 굴복할 수는 없었다. 원하는 대학에 붙기 위해 다시 재도전하기로 했다. 좌절의 순간은 지나고 보면 스스로를 단련시키는 소중한 시간이 된다. 당시 나는 서울 종로 파고다 어학원에서 영어 공부를 했는데, 그때 만난 어느 미국계 한국인 선생님으로부터 들었던 말이 가슴에 '쾅' 하고 박히게 되었다.

그것은 바로 우리가 너무나 자주 들던 "Time is Gold" 라는 격언이었다. 나는 쌀가게에서 자투리시간을 이용해 공부하던 순간들이 떠올라 이 격언을 더욱 가슴깊이 새겼다.

앞으로도 어떤 난관이 다가와 공부할 시간이 없더라도 시간을 금쪽같이 쪼개어 열심히 살겠다고 말이다.

| 성공인생 마음공부 6 |

마음을 닦으면 얼굴도 달라진다

『금강경』에서는 자신의 얼굴을 보고 모자라는 부분을 닦는다는 말이 있다. 경전은 모양(相)에 집착하지 말 것을 당부하면서, 이 형상 역시 마음의 반영이기에 인위적으로 무시할 필요도 없다고 가르친다. 흔히 동양의 관상학에서 "관상(觀相)은 골상(骨相)에서 나오고, 골상은 심상(心相)에서 나온다"고 한다. 이 역시 얼굴 형상이 마음의 반영임을 나타내고 있다. 여인의 아름다움과 마찬가지로, 얼굴이 환해지거나 예뻐지면 마음 씀씀이도 밝아지고 자신감이 생긴다. 결국 사람의 관상이 심상을 반영한 것임을 확인할 수 있다.

따라서 우리는 거울을 보며 자신의 마음 씀씀이를 살펴볼 필요가 있다. 내 얼굴이 탐욕에 찌들었는지, 화가 나서 인상을 쓰고 있는지, 내가 봐도 너무나 어리석게 보이는지, 그러한 모습을 살펴보면 평소에 내가 어떻게 살고 있고 과거에 어떻게 살아왔는지를 가늠할 수 있다. 옛말에 "나이 마흔이 되면 얼굴에 책임을 져야 한다"고 했는데, 하나도 틀림없는 격언인 것 같다.

사람들은 나를 보고 편안하고 자상한 인상을 준다고 말하곤 한다. 그러나 나 역시, 과거에는 다소 모난 성격이었고 날카로운 인상 때문에 사람들이 쉽게 다가오지 못했다. 마음이 모든 것을 창조하기에, 마음이 변하면 인생도 얼굴도 변한다는 사실을 안 후 마음을 좋게 쓰려는 노력을 해왔기에 그나마 이런 평가도 받게 된 듯하다. 몇 달만 마음공부를 해보면, 자신의 얼굴이 변하고 가족과 직장이 모두 밝아지고 행복해짐을 느낄 수 있을 것이다.

"Time is Gold"

"Time is Gold." 시간은 금과 같으니 허투루 쓰면 안 된다는 그의 말이 왜 그렇게 인상적이었던 것일까. 늘 가지고 있는 시간 같지만 시간은 흘러가기에 잡을 수 없고, 잡을 수 없기에 매순간을 가장 소중하게 맞이하지 않을 수 없다. 흘러간 시간도 후회하지 말고, 다가올 시간도 집착하지 말고, 현재에도 머물지 않는 것이 수행자의 길임을 『금강경』을 통해 훗날 알게 되었지만, 당시로서는 내게 큰 충격으로 다가온 말이었다. 그때부터였을 것이다. 나의 시간은 그야말로 '금'이었다. 1분 1초를 금처럼 아끼고 철저히 시간을 관리해야겠다는 신념이 생겼던 것이다.

물론 학창시절에도 남들보다 고된 일을 하면서 학업에 매진했었다. 남들보다 시간 관리를 잘하는 편이라고 생각했다. 그러나 학원 선생님의 조언은 '내가 허튼 시간을 쓰고 있지 않나?' 하고 다시금 깊이 자문하고 반성하게 만들었다. 그때부터 나는 내게 주어진 소중한 시간을 내 발전을 위해, 가난을 극복하는 방법을 위해서 쓰겠다고 다짐했다. 다시 한 번 나는 지독한 열정을 발휘했다. 쓸데없이 시간을 낭비하는 일은 절대로 하지 않겠다는 각오와 함께 말이다.

내가 치과의사로서 성공하고 불자로서 생활하게 된 배경에는 바로 이러한 원칙을 철저히 지켰기 때문인 듯하다. 돌이켜보면 어릴 적부터 지금까지 나는 충실하게 살겠다는 의지가 강한 편이었다. 나한테 주어진 일을 처리하는 데 있어서나, 나의 진로를 결정하는 데 있어서나 오직 스스로에게 묻고 답하는 식이었다.

내가 가난과 고난이 깊었던 학창 시절에 불만과 불평, 비관으로 일관했다면 지금의 나의 모습은 없을 것이다. 1999년 군의관을 전역하고, 서울 도심 한복판에 치과의원을 운영하게 된 것 역시 이러한 철저한 시간관리의 습관이 쌓여서 이뤄진 것이라 생각한다.

철저한 시간관리와 함께 어릴 적의 고난과 고행을 극복하기 위한 또 하나의 힘의 원천은 소위 말하는 '긍정의 힘'이었던 것 같다. 어려운 일을 스스로 도맡아 했던 내 의지 덕분에 자연스럽게 모든 일이 잘 풀렸다고 생각한다. 나는 '왜 우리 집은 가난한가?', '우리 부모님은 왜 많이 배우지 못하셨을까?' 하는 생각에 상처를 입기도 했지만, '나는 어려움을 극복하고 말겠다'는 의지로 끊임없이 정진했으며 내 삶을 스스로 개척하려고 노력했다. 그런 작은 노력을 통해 작은 성취를 얻고, 그러한 작은 성취를 통해 얻어진 자신감은 또 다른 긍정의 에너지를 낳아 수레바퀴가 더욱 상승작용을 일으키며 돌듯이 삶의 에너지는 더욱 열정으로 불타오를 수 있었던 것 같다.

그러고 보면 지금 내가 이만큼의 자리에 서 있는 것은 '인과법'이라고도 불리는 불교에서 '연기(緣起)'에 따른 것이 아닐까 반추해 본다. 연기란 모든 것은 원인이 있으며 원인으로 생겨나고 원인이 사라지면 소멸한다는 것이다. 일체 현상의 생기소멸(生起消滅)의 법칙을 말한다. 그 간단한 형태는 "이것이 있으면 그것이 있고, 이것이 생기면 그것이 생긴다. 이것이 없으면 저것이 없고, 이것이 멸하면 저것도 멸한다"는 등으로 표현된다. 이같이 중생이 생사 윤회의 고통을 받는 경우의 연기를 유전(流轉)연기, 수행하여 해탈로 향하는 연기를 환멸(還滅)연기라고 한다. 싯달타 수행자가 부처님이 되면서 깨달은 진리가 바로 연기이다.

내가 불자로서 수행의 길을 걷고 있는 것도 연기의 법칙에서 한 치도 벗어남이 없다고 생각한다. 우리 가족이 영광에 살던 시절, 담 하나를 사이에 두고 고모님이 살고 계셨다. 고모님은 일찍 남편과 사별하고 혼자 사셨는데, 새벽마다 경전을 독송(讀誦)하셨다. 나중에 알고 보니 당시 고모님이 독송하신 건 『금강경(金剛經)』이었다. 우리나라에서는 조계종의 근본경전으로 『반야심경』 다음으로 널리 읽히고 있는 최고의 경전이다. 그래서였을까. 고모 집에는 부처님

모습이 그려져 있었고, 스님들이 오면 시주를 하며 경건하게 합장하시던 모습이 떠오른다.

고모님은 영광에 있는 '불갑사'란 절에 자주 다니셨다. 고모님은 지금도 독실한 불자로 살고 계신다. 그러한 고모님의 불자로서의 삶이 나에게 적지 않은 영향을 주셨던 것 같다. 불교를 접한 후, 나는 『금강경』을 지금도 독송하고 사경(寫經)하면서 언제 어디서도 안주하거나 집착하지 않고 늘 지혜와 자비를 닦는 수행자의 자세를 잃지 않으려 정진하고 있다.

| 성공인생 마음공부 7 |

도둑은 늘 내 안에 있다

세간이나 출세간이나 이 세상에서 큰 업적을 이룬 사람들은 한결같이 노력하는 이들이었다. 조계종 종정을 지낸 혜암 스님과 청화 스님은 40년 이상 눕지 않고 앉아서 자면서 정진해 세인의 존경을 받는 고승이 되었다. 역사상 위대한 인물들도 한결같이 낮에는 일하고 밤에는 책을 읽는 주경야독(晝耕夜讀)의 정신으로 큰 업적을 이루었다. 오늘날도 성공한 최고경영자(CEO)들은 일반인들 보다 적게 자며, 9분마다 하나의 중요한 결정을 내린다고 한다.

이와 같이 한결같이 부지런한 노력은 성공을 보장하지만, 그렇지 못한 평범한 삶은 그저그런 인생을 살아갈 수밖에 없다. 심지어 게으름은 인생을 낭비하거나 소중한 재산을 앗아가는 무서운 재앙이 되기도 한다. 그래서 세상에서 가장 무서운 도둑은 우리 몸 안에 있는 게으름이라고 한다. 오늘 해야 할 일을 내일이 되어서야 하는 어리석은 사람은 참된 인생이 무엇인지 모르고, 소중한 것을 잃어버린 후에야 도둑맞은 것을 안다.

지금 이 시간을 헛되이 보내는 것은 우리 인생에서 하루를 도둑맞은 것이고, 그러한 하루하루가 모여서 인생과 목숨을 빼앗아 간다. 게으름과 헛된 망상으로 하루를 낭비한다면, 내 안에 도둑을 키우는 것과 진배 없다. 자신을 잘 다스리는 사람에게 도둑은 절대 들어올 수 없다. 한결같이 고요히 깨어있는 마음은 도둑을 지키는 파수꾼과 같다.

03 세 번째 이야기

전문의가 된 집념의 중생

내가 원하는 대학교는 아니었지만 치대에 진학하고 나서는 그야말로 목숨을 걸고 공부를 했다. 그래서 성적은 상위권을 유지했으며 과대표도 맡아 리더십 능력도 발휘해보았다. 본과 2학년 때는 대학생 논문 학술대회에서 수상을 하여 남들의 부러움을 사기도 했다.

세 번째 이야기

전문의가 된 집념의 중생

    내가 원하는 대학교는 아니었지만 치대에 진학하고 나서는 그야말로 목숨을 걸고 공부를 했다. 그래서 성적은 상위권을 유지했으며 과대표도 맡아 리더십 능력도 발휘해보았다. 본과 2학년 때는 대학생 논문 학술대회에서 수상을 하여 남들의 부러움을 사기도 했다.

    그 당시 나는 학비와 생활비를 벌기 위해 과외도 하고 레스토랑에서 서빙도 해야만 했다. 위 아래로 대학생과 고등학생 자녀가 가득한 상황에서 부모님께 생활비를 달라고 요구하는 건 욕심이었다.

    내가 대학에 진학해서도 아버지는 계속 쌀가게를 하셨고, 한편에서 고기를 팔기도 하셨다. 가정 형편이 점점 나아지려나 싶었는데, 점차 동네에는 다른 쌀가게라든지 정육점 등 경쟁업체들이 득세하면서 장사는 그리 잘 되지 않았다. 형도 군대 전역을 하고 복학을 했고, 동생도 대학에 입학했기 때문에 자식들 학비를 대느라 부모님의 허리는 휘다 못해 꺾어질 지경이었다.

20년 인생 계획서 쓴 대학 1년생

학비를 직접 벌어야만 하는 상황은 나를 더욱 단련시키는 촉매제가 되었다. '시간을 금 같이 쓰겠다'던 삶의 원칙은 더욱 더 강해졌다. 1982년 대학에 입학한 나는 1학년 생활이 얼마 지나지 않아 '내 인생의 향후 20년 계획서'를 작성했다. '시간은 금이다'라는 격언을 더욱 구체적으로 실천하기 위해 나름대로 계획을 짜본 것이다. 여기에는 대학교를 졸업하고, 언제 명문대에서 수련의 생활을 하고, 군 장학생이 되어 학비를 벌고, 어떤 배우자를 선택하고, 결혼을 언제 하고, 개업을 언제 하겠다는 내용의 마스터플랜이 들어있었다.

나는 이 계획서를 책상에 붙여 놓고 공부할 때마다 들여다보며 항상 마음에 새겼다. 나중에 이러한 방법을 '목표목록기법'이라 한다는 걸 알았다. 즉 자신이 이루고자 하는 꿈과 목표를 적어 문서화한 뒤 항상 이를 읽어보면, 그 꿈과 목표가 이루어진다는 것이다. 실제 자신의 목표를 문서화하는 사람이 그렇지 않은 사람보다 훨씬 목표 달성률이나 성공할 확률이 높다고 한다.

사람은 그가 생각한 꿈의 크기만큼만 이룰 수 있고, 자신이 정한 꿈 이상의 결과는 절대로 얻을 수 없다고 한다. 돌이켜보면 신기하게도 당시 짰던 인생 계획은 실제 거의 들어맞았다. 이것은 불교에서 말하는 마음이 모든 것을 결정한다는 일체유심조(一切惟心造)의 도리와도 상통하는 것이었다. 불교에서는 일체의 존재는 그것을 인식하는 마음의 나타남이고, 존재는 오직 마음이 지어내는 것일 뿐이라는 뜻이다. 곧 일체 모든 것은 오로지 마음에 있다는 것을 일컫는다. 즉 깨끗한 것과 더러운 것, 좋은 것과 싫은 것, 선한 것과 악한 것 등의 모든 분별은 자기의 마음으로부터 우러나온다는 것이다. 원효 대사가 잠결에 해골물을 맛있게 마신 후, 잠이 깨어 토한 후 깨달음을 얻은 내용도 '일체유심조'의 이치였다.

대승불교의 대표적인 경전인 『화엄경』은 '삼계유심(三界唯心)'의 도리를 이렇게 설명하고 있다.

"만일 어떤 사람이 삼세 일체의 부처를 알고자 한다면[若人欲了知 三世一切佛], 마땅히 법계의 본성을 관하라[應觀法界性]. 모든 것은 오로지 마음이 지어내는 것이다[一切唯心造]."

내가 의사가 되겠다는 마음을 먹지 않았다면, 가난을 벗어나겠다는 생각을 하지 않았다면 지금 나는 현재의 위치에 있지 못했을 것이다. 착한 덕을 쌓으면 선의 과보를 받고[善因善果], 나쁜 업을 지으면 나쁜 과보를 받는다[惡因惡果]는 만고불변의 진리처럼, 성실한 자세로 삶에 임하고 최선을 다해 노력한다면 반드시 그 대가가 돌아올 것이라는 믿음을 잃지 않는 것이 도움이 되었을 것이다.

| 성공인생 마음공부 8 |

성공한 사람이 24시간을 쓰는 법

『무소유』라는 산문집으로 유명한 법정 스님은 "인생에서 성공하는 사람은 남과 똑같이 24시간을 살면서도 시간을 매우 유용하게 쓴다"고 말씀하셨다. 자신에게 주어진 순간순간을 알차게 살아가는 사람, 시계바늘에 눈이 팔리지 않는 사람이 성공하기 마련이다. 그러나 많은 사람들은 시간의 노예로 살고 있다. 시간을 부리며 사는 것이 아니라 시간의 테두리에 얽매여 끌려 다니며 산다. 직장인이나 학생 가운데는 지각을 습관처럼 하는 이들이 적지 않다. 어떤 이들은 약속시간을 상습적으로 어기면서도 미안한 마음조차 없다. 또 어떤 직장인들은 한참을 열심히 일하는 것 같다가도, 퇴근 시간이 되면 일을 중단하고 가버리기도 한다. 이런 사람들은 시간 속에서 결코 자유롭지 않고 늘 초조하게 분주하게 살아갈 수밖에 없다. 시간에 너무 얽매이지 말고 자기 일에 최선을 다하는 습관을 갖다 보면 시간을 잘 활용하는 노하우를 얻을 수도 있다.

일의 중요도와 우선순위를 정확히 파악해서 시간 관리를 얼마나 잘 하느냐에 따라 성공을 향한 수많은 갈림길이 벌어지는 경우가 많다. 해야 할 일의 우선순위를 정하라는 교훈은 이미 중국의 고전 『대학(大學)』에 등장할 정도로 잘 알려진 격언이다. 즉 "사물에는 근본과 말단이 있고 일에는 시작과 끝이 있으니, 선후(처음과 나중)를 알아야 도에 가까워질 수 있다[物有本末 事有終始 知所先後 則近道矣]"는 것이다.

일의 우선 순위가 정해진다면 지금 당장 착수하지 않을 수 없다. 그래서 선(禪)에서는 '지금 여기'에 주어진 일은 당장 해야 하며, 과거에 집착하거나 미래를 걱정하며 머뭇거려서는 안 된다고 말한다. 선사들은 한결같이 현실에 대한 절대적인 긍정과 '지금·여기·이것'의 행위가 그대로 깨침이라는 것을 일깨워준다. 지금 여기에 마주한 일과 사람에 대해 최선을 다하는 것이 바로 깨달음의 생활이며, '영원한 현재'를 사는 방법이라는 가르침이다.

라면 먹으며 군 위탁 장학생 도전

대학 때 나의 주식은 라면이었다. 학교 식당에서 산 식권은 시험을 치르는 날 아침에만 사용했다. 평소에는 라면으로 고픈 배를 채워도 됐지만, 시험 볼 때는 영양보충을 잘 해야 두뇌회전이 빨라 시험을 잘 볼 수 있기 때문이었다. 단돈 몇 백원, 몇 천원을 아껴가며 아르바이트를 해야만 할 수 있는 대학생활이었지만 즐겁기만 했다.

예과 1년 때 나는 새롭고도 무모한 도전을 하게 된다. 바로 군 위탁 장학생(Army Training)에 지원하는 것이었다. 이는 치대나 의대 재학생을 대상으로 장학생을 선발하여 대학재학 중 학비를 전액 지원하고, 장학금 수혜기간과 의무복무기간을 복무케 하는 제도이다. 선발된 학생은 대학 졸업 후 국방부 소속이 되며, 대학에 파견돼 수련의 과정을 밟는 제도이다.

고3 시절, 서울대 치과대학에 다니는 동문 선배들이 자신들의 학교와 학과를 홍보하러 우리 반에 온 적이 있었다. 치과의사가 되겠다는 꿈을 키워온 나는 당돌하게도 며칠 후 그 선배들을 직접 찾아갔다. 어떻게 하면 서울대 치과병원 수련의 과정을 밟을 수 있는지 방법을 물어보기 위해서였다.

선배의 말은 군 위탁 장학생제도가 있는데, 치대 예과 2학년 때 딱 한 번 시험을 치르며, 성적은 B⁺이상이 되어야 한다는 조건이 있다고 했다. 바로 그때 내 머리에 섬광이 스쳤다. 치대를 졸업하고 나서 국내 최고의 명문인 서울대 치과병원에서 전문의 과정을 밟겠다는 욕망이 나의 가슴을 뜨겁게 했던 것이다.

그리하여 예과 2년 때 군 위탁 장학생 시험에 도전, 나는 당당히 합격을 했다. 그리고 졸업을 하고 나서는 반드시 서울대 치과병원에서 수련을 받을 수 있을 거라는 꿈을 안고 남들보다 몇 배 노력했다. 내가 졸업한 대학에서는 계속 학교에서 수련의 과정을 거치고, 교수 역할을 해주었으면 하는 바람이었지만, 내 꿈을 실현하기 위해서는 현실에 안주할 수 없었다.

하지만 사람의 일이란 마음먹은 대로 되는 게 아니었다. 졸업을 하고 나서 서울대 치과병원 수련의 과정에 도전했지만 그만 낙방의 쓴잔을 마시고야 말았다. 당시 서울대 치과대학 구강악안면외과(Oral and maxillofacial surgery)에는 모집인원이 딱 1명이었는데, 서울대 교수의 자제가 아버지의 힘을 얻어 합격증을 거머쥐는 바람에 나의 꿈은 산산조각이 나버렸다.

나는 서울대 치과병원에 들어가지 못한 실망감에 젖어 몇 날 며칠을 끙끙 앓아야 했다. 그래서 '이럴 바에는 그냥 전방으로 가야겠다'는 생각까지 했다. 하지만 최선이 아니면 차선도 현명한 선택이란 사실을 깨닫고, 군의관 선배의 권유로 마침 빈자리가 있던 연세대 세브란스 병원 구강악안면외과 수련의 과정에 입문하게 되었다.

나에게는 확고한 기준이 있었다. 그것은 바로 서울에서 의원을 개업하려면 서울대, 연세대 정도에서 수련의 과정을 마쳐야 한다는 기준이었다. 어떻게 생각하면 학벌 지상주의로 비쳐질 수도 있겠지만, 세상 속에서 더 많은 사람들에게 이익을 주고 나 역시 당당한 삶을 살기 위해서는 불가피한 선택이었다고 생각한다. 이렇게 해서 나는 '연세대 세브란스 병원 구강악안면외과 수련의 타 대학 1호 인물'이라는 기록의 주인공이 됐다.

| 성공인생 마음공부 9 |

긍정적인 마음은 밝은 삶을 창조하는 화가

중국 당나라 때, 인종 법사가 『열반경(涅槃經)』을 강의하고 있는데, 그때 마침 바람이 불어 깃발이 펄럭였다.

이를 보고 한 스님은 "바람이 움직인다"고 했고, 또 다른 스님은 "깃발이 그냥 움직인다"고 하여 토론이 그치지 않았다. 그때 혜능 선사가 나서서 "바람이 움직이는 것도 아니요, 깃발이 움직이는 것도 아니며 스님들의 마음이 움직이는 것입니다"고 하여 여러 스님들이 놀랐다고 한다. 모든 인식은 내 마음에서 만들어지는 것임을 설한 선문답이다.

불교는 이와 같이 '모든 것은 오로지 마음이 만든 것'이라는 일체유심조(一切唯心造)의 도리를 근본으로 설한다. 이에 따르면 내가 인생을 성공하느냐 실패하느냐 하는 것은 내 마음에 달린 것임을 알 수 있다. 때문에 성공에 대한 확신을 갖고 매사에 긍정적으로 사고하고 행동하는 사람이 성공할 확률은 훨씬 높아진다. 반면, 매사에 소극적이고 부정적인 생각에 꽉 찬 사람은 성공의 열쇠가 눈앞에 나타나도 발로 차버리고 만다. 그만큼 '일체유심조'의 도리를 믿고 안 믿고 차이에 따라서 인생은 너무나 크게 차이가 난다.

『화엄경』에서는 "세계는 오직 마음일 뿐이고 만법은 오직 의식이다[三界唯心 萬法唯識]"고 했다. 모든 것은 마음이 창조하는 것이다. 우리는 언젠가는 자신이 생각하는 모습 그대로 된다. 마음은 삶을 아름답게 그려내는 화가와 같기 때문이다. 마음을 얼마나 아름답고 자비롭게 쓰느냐에 따라 나의 인생도 그만큼 멋지게 펼쳐질 것이다. 우리는 인생의 창조자로서 자부심을 갖고 매사에 긍정적이면서도 남에게 도움을 주는 삶을 살리라는 발원을 해야 한다. '나만 잘 살겠다'는 생각 보다는 '모두가 행복하면 좋겠다'는 긍정적인 사고가 나와 세상을 밝고 아름답게 변혁시키는 원천이 됨을 확신해야 한다.

연세대 구강악안면외과 수련의 '타 대학 출신 1호' 기록

나는 4년의 수련 과정에서 인턴 1년 과정은 국군수도통합병원에서 공부하였고, 레지던트 3년 과정은 연세대 세브란스 병원에서 마쳤다. 인턴과정 때는 선배 레지던트가 없어 내가 레지던트 역할까지 해야 했다. 처음 맞닥뜨린 군대라는 환경 속에서, 헬기와 응급차로 실려 온 부상당한 군인들을 맡아 치료하는 일은 다소 생소하고 낯설었다. 하지만 점차 적응이 되었고, 오히려 생생한 실습을 경험하게 해준 좋은 기회였다.

국군수도통합병원에서 근무할 때는 내가 속한 구강외과와 성형외과가 서로 자기네들이 진료하겠다며 나섰던 일화도 있었다. 왜냐하면 얼굴을 심하게 다친 환자의 경우 양쪽의 시술이 모두 필요한데, 케이스(Case)를 서로 갖기 위해서였다. 그만큼 현장의 경험은 당황스러우면서도 대학병원 실습실에서는 느낄 수 없는 긴장된 체험을 선사했다. 마치 미지의 세계에 첫발을 디딘 탐험가처럼 군대병원에서의 수련과정은 두려움과 함께 늘 새로운 경험을 얻을 수 있다는 점에서 소중한 배움의 시간이었다.

1년의 인턴 과정을 나름 치열하게 보냈지만, 이듬해부터 시작된 연세대 세브란스병원 수련의 시절도 녹록하지 않았다. 수련의들 중에는 소위 잘 나가는 사람들이 많았다. 가난한 가정환경에서 자라 내세울 것이 별로 없었던 나는 '더 노력하자'는 의지를 올곧게 세웠다.

또한 거의 대부분이 연세대 치대 출신인데 반하여 나만 타 대학 출신이다 보니 색안경을 끼고 나를 무시하거나 깔보는 분위기가 있었다. 속된 말로 '텃세'가 심했던 것이다. 심지어는 선배들이 난폭하게 굴기도 하고, 후배들도 선배인 나의 말을 잘 따르지 않는 경우도 있었다. 마음고생이 이만저만이 아니었다.

그러나 부당하게 차별받는 것에 민감했던 나는 그러한 비상식적인 태도를 견딜 수가 없었다. 한 번은 나보다 서너 살 많은 선배의 괴롭힘에 참지 못하여 '한판 붙자'고 쏘아붙이고는 짐을 싸서 집으로 가버린 적도 있었다. 고맙게도 동기들이 집을 찾아와 설득한 끝에 다시 복귀를 했는데, 나중에는 그 선배와의 관계가 오히려 돈독해졌다. 내가 군의관으로 있으면서 생활이 어려울 때, 그 선배는 내게 아르바이트 자리를 소개해 주기도 했다.

힘겨운 수련의 시절은 나와 타인의 인간관계에 대해 새롭게 돌아보는 계기가 되었다. 내가 타인을 힘들게 하거나 거만한 것은 당연히 문제가 되지만, 지나치게 움츠러들어 자기를 과소평가하는 것도 옳지 않음을 알았다. 항상 주변 사람들에게는 친절하고 겸손하면서도 일에 있어서는 당당한 자신감을 갖고 임한다면, 언젠가는 그들도 나의 진심을 이해할 날이 온다는 사실을 배울 수 있었다. 사람의 본심은 누구나 밝고 맑고 선량하기에 아집과 편견, 분별심에 휩싸인 중생심이 벗겨지는 순간, 이심전심(以心傳心)으로 소통할 수 있음을 절감했다. 『유마경』과 『육조단경』에서 '곧은 마음[直心]이 도량'이라 하였듯이, 순수하고 정진한 마음은 나의 인격을 함양하고 주변사람들까지 변화시킬 수 있는 잠재력이 있다는 사실을 경험할 수 있었다.

인간관계 속에서 이런 경험을 하고 난 후에는 선배로서 대우하지 않는 후배들은 가차 없이 혼내기도 했다. 그렇게 당당하게 나 자신을 관리하고 상황에 대처하니까 나중에는 사람들과의 관계도 오히려 돈독해지고 공부하기도 편해졌다.

지금 생각해보면 많은 격세지감을 느끼게 된다. 2005년 말 송년회 때 세브란스병원 구강외과 과장님이 나에게 외래교수를 해달라는 부탁을 해왔다. 나는 비록 의원생활이 바쁘기는 했지만 과거 수련의 과정을 하게 해준 학교의 은혜를 갚고자 흔쾌히 수락해 연세대치과대학병원 임상, 그리고 구강악안면외과 외래교수 활동을 2008년까지 했다. 교수 활동을 하면서 과거의 나처럼 철부지 학생이 있지는 않는지 살펴도 보고, 내 가르침을 받아 훌륭한 의사가 배출되면 좋겠다는 기대도 가지다 보니 무척이나 보람되고 의미 있는 시간이었다.

| 성공인생 마음공부 10 |

하심 · 공경은 최고의 처세술

나는 사람을 무조건 잘 믿는 편이다. 상대가 나와 같은 마음일 것이란 생각으로 마음을 흠뻑 주고나면 어떤 때는 상처가 되어 돌아오기도 한다. 하지만 이 역시 마음공부를 열심히 하면 어려움이 저절로 풀린다.

부처님은 자기의 아만심을 죽이고, 남한테 져주라고 말씀하셨다. 공부를 열심히 하다보면 남을 이기려는 마음을 억제할 수 있게 된다. 부부가 서로를 누르고 이기는 것을 자랑하는 사람들이 있지만, 이것은 결국 잘못된 방법임을 나이가 들수록 깨닫게 된다. 젊을 때부터 자기를 낮추고 상대방을 아끼고 존중하는 가운데 진정한 행복이 찾아옴을 절감하게 된다.

부모님과의 관계 역시 마찬가지다. 부모님의 말씀이 거슬린다고 해서 말대꾸를 하거나 따지려 들면 안 된다. "잘 하겠습니다. 노력하겠습니다" 하는 말에 습관을 들여야 한다. 그러면 부모님을 이기려는 못된 성질이 고쳐지며 부처님의 가피를 받아 부모님께 효도하며 화목한 가정을 유지할 수 있다.

자기를 낮추는 수행법으로는 절을 하는 것이 가장 효과적이다. 하루에 한 번씩 108배를 하는 것을 생활화하면 온갖 걱정과 근심이 해결되고, 현실에서 벌어지는 작고 큰 문제도 풀리기 마련이다. 자만심과 이기심도 없어져 무심(無心)해지기 때문에 반드시 좋은 일이 생긴다.

나를 낮추는 공부가 몸에 익으면 주변 사람을 저절로 존경하게 되고, 이런 사람들이 늘어나 상대방을 배려하고 존중할 수 있다면 사회, 국가, 인류는 저절로 평화와 행복을 기약할 수 있을 것이다.

하지만 현실은 각박하기만 하다. 지구촌에서 벌어지는 갈등과 전쟁은 물론, 한국 사회에서 벌어지는 각종 폭력과 분쟁, 분열이 종식되기 위해서는 저마다 상대방을 인정하는 평등한 마음이 회복되어야 한다. '나'와 '나의 것'이라고 하는 아상(我相)과 아집(我執)을 버리고 끝없이 하심하면서 이웃을 존중·배려하며 보살도를 실천하는 대승불교의 정신을 많은 사람들이 공유해야 할 때다.

『법화경』에서 모든 이를 부처로 보고 공경·찬탄하며 하염없이 자신을 낮추는 '상불경보살'의 바라밀행은 구도자의 자세인 동시에 배려와 소통, 섬김의 리더십을 강조하는 현대사회가 꼭 필요로 하는 덕목일 것이다.

"나는 당신을 깊이 존경해 감히 가벼이 여기거나 업신여기지 않습니다. 왜냐하면 당신들은 모두 다 보살도를 실천하여 앞으로 부처가 될 것이기 때문입니다."

이러한 상불경보살의 끝없는 예배와 찬탄은 '누구나 부처가 되리라'는 수기인 동시에, 모든 이가 부처님 아들, 즉 '불자(佛子)'라는 희망의 메시지이기도 하다. 상대의 장점보다는 단점을 확대 해석하고, 나의 이익을 위해 상대를 짓밟아야 살 수 있다고 여기는 세상, 이런 각박한 시기에 '모두가 부처'라는 생각으로 남을 공경하는 상불경보살의 외침은 더욱 절실하게 다가온다. 가족이나 직장 동료, 이웃, 낯선 이와의 갈등으로 증오심이 일어날 때, 상불경보살의 온화한 미소를 떠올려보자. 그래서 언제 어디서나 "미안합니다, 용서하세요, 고마워요, 사랑합니다"라는 말이 저절로 나올 수 있도록 노력해 보자.

이러한 삶이 하나의 습관이 된다면 세속의 성공은 물론이요 구도의 길에서도 원하는 목적을 이루리라 믿어 의심치 않는다.

가슴에 전화기 올려놓고 자는 레지던트

레지던트 시절, 처음 3개월간은 집에 한 번도 가지 못할 정도로 고된 생활을 해야 했다. 레지던트는 항상 비상대기 상태이다. 응급실 환자가 들어올 때는 긴급 출동을 해야 하기 때문에, 잠도 편하게 잘 수가 없다. 그래서 가슴 위에 전화기를 올려놓고 자다가 벨 소리가 울리면 마치 군대의 신병처럼 벌떡 일어나 뛰쳐나가야 했다.

어떤 때는 2층 침대에서 잠들다가 전화벨 소리에 놀라 바닥으로 떨어지기도 했는데, 너무 긴장을 해서였을까. 전혀 아프지가 않았다. 또 어떤 날에는 밤을 홀딱 지새운 채로 학부생 강의에 조교로 참석하기도 했다. 당시 나는 빔 프로젝트 화면 넘기는 역할을 맡았는데, 화면을 제대로 넘기지 못해 교수님께 크게 혼쭐이 나기도 했다.

늘 잠이 부족해 측은해 보였는지, 어떤 때는 의사인 내가 오히려 환자들에게 위로를 받은 적도 있다. 차트를 쓰다가 졸음을 이기지 못해 스르르 눈이 감긴 나에게 어떤 환자는 "선생님 그렇게 졸리세요?" 라고 물어 미안하게 했다. 심지어는 수술실에서 집도(執刀) 하는 교수님을 돕다가 교수님 머리에 그만 '헤딩'을 하여 교수님으로부터 정강이를 걷어차이는 아찔한 순간도 있었다.

인턴 때도 마찬가지였지만 3년간의 레지던트 시절이 나에게는 그야말로 아비규환(阿鼻叫喚)이었다. 온갖 환자들이 다 모이고, 지옥과 천국이 동시에 존재하는 곳이 바로 응급실이기 때문이다. 다 죽어가는 사람이 응급조치에 살아나기도 하고, 갑작스런 사고를 당한 사람이 손 쓸 새도 없이 숨을 거두기도 한다. 그야말로 삶과 죽음의 길이 들이 쉬고 내쉬는 호흡지간(呼吸之間)에 엇갈린다는 사실을 수없이 목격했다.

　진료를 빨리 안 해 준다고 자해하는 사람, 경미하게 다친 사람, 아픔을 못 이겨 통곡하는 사람, 정신을 잃은 사람 등 세상의 모든 고통 받는 사람의 모습은 다 그곳에 있는 것 같았다. 그야말로 인간의 생로병사를 한 곳에서 실감나게 목격하는 곳이니, 인생공부가 따로 없었다. 사바세계가 '참아야 하는 땅'이란 의미의 '인토(忍土)'라고 하듯이, 인간의 세계는 태어나는 순간부터 고통을 감내해야 하는 세계임을 다시 한 번 뼈저리게 느꼈다. 불교에서는 이러한 인생의 희로애락과 고통을 통해 일체가 무상(無常)한 것임을 느껴야 한다고 했다. 나는 사람의 생명이 숨 들이쉬고 내쉬는 사이에 놓인 순간들을 지켜보면서 삶과 죽음의 의미를 찾지 않을 수 없었던 것이다.

남을 살리는 의료행위는 나를 살리는 일

구강안악면외과 레지던트였던 내가 돌보았던 환자들이 병원에 온 이유는 무척 다양했다. 라디에이터에 거의 얼굴 반쪽이 벗겨진 사람도 있었고, 교통사고를 당해 턱뼈가 부러진 사람도 있었으며 뾰족한 연필 끝에 입천장이 찢어진 아이와 턱뼈 암환자도 있었다. 나는 이곳에서 헤아릴 수 없이 많은 환자를 만났다. 왜 이 사람들은 이러한 고통을 받아야 하며, 나는 어떻게 하면 이들을 한 순간이라도 빨리 아픔에서 벗어나 안락할 수 있도록 할 것인지 고민하지 않을 수 없었다. 돌이켜 보면, 일체 중생의 고통을 구제하기 위해 사바세계에 대의왕(大醫王)으로 오신 부처님의 대자대비심을 조금이나마 느낄 수 있었다는 것이 오히려 감사한 시간들이었다.

내 의술로 환자들이 목숨을 건지거나, 병에서 회복을 하고, 정상적인 상대로 돌아가는 모습을 보면 이루 형용할 수 없을 만큼 뿌듯하다. 사고를 당해 아픈 사람을 진료해주는 일은 그 어떤 일보다도 훨씬 가치가 있는 일이라고 생각된다. 힘든 수련의 과정을 거치면서 의사가 된다는 일이 어떤 의미를 내포하며, 어떠한 정신으로 살아가야 할지를 깊이 생각할 수 있는 기회였다. 남을 살리는 의료행위는 결국 나를 살리는 일이며, 이것이 동체대비(同體大悲)의 거룩한 보살행이 될 수 있음을 알 게 된 것은 얼마 뒤 불교를 만나면서부터였다.

  그렇게 3년간 수련의 과정을 마치고 나니 세상에 무서운 것이 하나도 없을 정도로 패기가 충천해졌다. 우리 동기들끼리는 "우리를 사막에 내놓아도 다 살아남을 수 있다"며 의기양양했던 때가 떠오른다. 그만큼 혹독한 수련의 생활을 보냈던 것이다. 지금 생각해보면 부처님은 아마도 나를 더욱 강하게 단련시켜 주시기 위해 연세대 세브란스병원으로 인도하신 것 같다. 자기 자신을 이기지 못하는 사람이 어떻게 남의 생명을 살릴 수 있을 것인가. 사랑(仁)을 실천함으로써 자기 자신을 수양하고 그 사랑을 다른 사람들, 곧 사회 전체에 구현한다는 수기치인(修己治人)의 고어가 의료인에게는 더없이 소중한 교훈이 아닐 수 없다.

| 성공인생 마음공부 11 |

위기가 기회다, 실패를 두려워 말아야

인생에 있어서 두려워해야 할 것은 일에 대한 실패가 아니라, 실패가 두려워 아무 일도 시작하지 못하는 것이다. 창조적인 삶이란 자신의 무한한 가능성을 믿고 끊임없는 도전을 통해 그것을 자신의 삶으로 현실화시키는 것이다. 이러한 사람에게는 어떠한 위기도 좌절을 안겨줄 수 없다. 모든 사람이 위기라고 생각할 때, 성공하는 사람은 위기를 기회로 삼아 창조적인 삶을 산다.

고인(故人)들은 '하늘이 무너져도 솟아날 구멍이 있다'고 했다. 『주역(周易)』에서는 "궁하면 변하고 변하면 통하게 마련이다[窮則變, 變則通]"라고도 했다.

경제·경영 전문가들은 어려운 때일수록 발상의 전환으로 위기를 극복해야 한다고 말한다. 즉 '위기가 곧 기회'라는 믿음을 갖고 역발상(逆發想)의 지혜를 가질 것을 조언한다. 위기를 맞고 싶어서 맞는 것은 아닌 만큼 경험을 쌓는 계기로 삼아야 한다는 것이다. 경영 전문가들도 이런 위기 속에서만 회사 체질을 강화하고 위기관리 능력을 고양할 수 있는 방법을 몸으로 체득하게 된다고 지적한다. 어렵더라도 물적, 인적 투자를 늘리고 연구·개발(R&D)에 적극 나선 기업은 불황의 파고를 넘는 순간 강력한 경쟁력으로 거듭날 수 있기 때문이다.

병원을 경영하거나 학교나 음식점을 운영하는 것도 마찬가지다. 실패를 두려워 말고, 차분하면서도 조심성 있게 미래를 준비하자. 시련의 시기를 맞은 사람들은 인생역전의 희망을 안고 가일층 노력을 아끼지 않는다면 반드시, 희망의 돌파구가 열릴 것이라 확신한다.

사람은 그가 생각한 꿈의 크기만큼만 이룰 수 있고, 자신이 정한 꿈 이상의 결과는 절대로 얻을 수 없다고 한다. 내가 의사가 되겠다는 마음을 먹지 않았다면, 가난을 벗어나겠다는 생각을 하지 않았다면 지금 나는 현재의 위치에 있지 못했을 것이다.

04
네 번째 이야기

부처님을 만나 세상을 새롭게 보다

재미있었던 추억은 스타급 장성들에게 골프를 가르치는 사병들이 나를 무척이나 따랐던 것이다. 사병들은 새 골프공이 나오면 달려와 내게 주기도 하고, 골프의 스윙하는 기술을 친절하게 가르쳐주기도 했다. 골프란 재미있는 스포츠여서 심리적인 요인이 크게 좌우하는 운동이었다. '어깨 힘 빼는 데 3년'이란 말이 있을 정도로 자연스러운 자세와 마음가짐이 좋은 스윙을 할 수 있다는 사실을 알 수 있었다.

네 번째 이야기

부처님을 만나 세상을 새롭게 보다

　수련의 과정을 마치고 나는 1992년 충청남도 계룡시 남선면에 있는 육·해·공군 3군 통합기지인 계룡대 의무감실에 치과 장교로 부임했다. 그곳에서 나는 일반 사병과 장교들의 치아를 치료하는 것 외에도 다양한 치과정책업무를 수행했다.

　재미있었던 추억은 스타급 장성들에게 골프를 가르치는 사병들이 나를 무척이나 따랐던 것이다. 사병들은 새 골프공이 나오면 달려와 내게 주기도 하고, 골프의 스윙하는 기술을 친절하게 가르쳐주기도 했다. 골프란 재미있는 스포츠여서 심리적인 요인이 크게 좌우하는 운동이었다. '어깨 힘 빼는 데 3년'이란 말이 있을 정도로 자연스러운 자세와 마음가짐이 좋은 스윙을 할 수 있다는 사실을 알 수 있었다.

　골프만 아니라 모든 운동과 일이 그러할 것이다. 처음에는 인위적으로 테크닉이나 기법을 배워야 하고 그것을 숙달하기 위해 노력하고 잘 하려는 마음가짐도 가져야 할 것이다. 그러나 기본적인 기술이 익숙해지면 기존의 방법을 초월하고 뛰어 넘는 자세도 필요하다. 언제나 안주하는 마음 없이 날마다 새로워지는 일신우일신(日新又日新)의 마음가짐이야말로 끝없는 창조를 이끌어내는 원동력인 것 같다.

　그리고 어떤 성공이나 목표에 집착하는 것 보다는 욕심 없이 운동과 일에 매진하는 자세 역시 필요하다. 잘 하려는 그 마음이 하나의 집착이 될 때는 어깨에 힘이 들어가기 마련이다. 어깨에 힘을 빼고 흐름에 몸을 맡겨 자연스러운 자세와 마음가짐으로 운동과 일에 임할 때 최고의 성과가 나타나는 것이다. 골프 스윙을 연습하면서 배운 점이 그러한 이치였고, 이러한 원리를 일상의 생활과 병원 업무에 적용해 보면 더욱 더 실감이 났다. 세상이 돌아가는 원리는 그 겉모양은 다를지언정 무슨 일이든 동일하다는 사실을 살아갈수록 더욱 실감하게 된다.

| 성공인생 마음공부 12 |

지혜로운 사람은 자신을 다룬다

"만약 온갖 방법으로 상대가 너희를 헐뜯더라도 너희들은 성냄을 이기지 못하고 저들을 해쳐서는 안 된다. 그들이 우리를 비방한다고 우리 역시 분노하여 그들을 해치려 한다면 그것은 우리 스스로 저들에게 지는 것이다. 또한 그들이 우리를 칭찬한다고 해서 너희들이 기뻐하고 들뜨는 것도 우리 스스로가 저들에게 지는 것이니라."

『잡아함경』

활을 만드는 사람은 활을 다루고, 뱃사공은 배를 다루며, 목수는 나무를 다루고 지혜로운 사람은 자신을 다룬다. 아무리 거센 바람이 불더라도 받침이 든든한 돌은 흔들리지 않는 것처럼, 지혜로운 사람은 그 뜻이 굳건하여 비난과 칭찬에도 흔들리지 않는다. 깊은 물이 맑고, 고요하여 물결이 흐려지지 않는 것처럼 지혜로운 사람은 참된 가르침을 듣고 그 마음이 저절로 청정해진다. 지혜로운 사람은 남의 허물을 보지 않고, 늘 자신을 돌이켜봄으로써 하심하며 살아간다. 자신의 몸과 마음을 늘 돌이켜보는 사람은 자신을 잘 다루기에, 무슨 일을 해도 뛰어난 능력을 발휘하게 마련이다. 물건을 잘 다루고 일을 잘 하는 사람도 능력을 인정받겠지만, 자기 자신을 완전히 콘트롤 할 줄 아는 지혜로운 사람을 능가할 수는 없다. 기술과 지식, 여기에 지혜까지 갖춘다면 이러한 사람은 세간에서도 존경을 받을만하다.

위암으로 세상 떠나신 아버지

나는 이듬해에는 서울 수도통합병원 구강외과 과장으로 자리를 이동했다. 바로 그해, 평생 가족 생계를 위해 고생하시던 아버지께서 위암으로 별세(別世)하시고 말았다. 벗어나려고 해도 벗어나지지 않던 가난과 10남매의 장남에다 7명이나 되는 식구를 책임져야 했던 중압감 때문에 아버지는 평소 술을 많이 드신 탓이었다. 세상의 모든 아버지들이 그러하듯이 가장으로서의 책임감은 결코 가벼운 것이 아니다. 아버지 세대가 그러했듯이 먹을 것 덜 먹고 입을 것 덜 입으며 자식들 뒷바라지하며 일생을 헌신적으로 사시다 돌아가신 것이다.

내가 어릴 적, 아버지의 체격은 매우 왜소하셨다. 그럼에도 불구하고 무거운 쌀을 배달할 때 거뜬히 나르는 모습을 볼 때면, 나의 마음은 아리곤 했다. 그럴 때마다 내 마음은 더욱 냉철해졌다. '꼭 성공해서 잘 해드려야겠다'는 각오와 함께 군 위탁 장학생이 되어서는 '아버지 짐을 하루라도 빨리 덜어드려야겠다'는 생각뿐이었다.

그러나 그런 나에게 부모님께 효도할 기회는 사라지고 말았다. 어려운 수련의 과정을 끝내고, 어엿한 군의관으로 성장한 아들의 모습을 잠깐밖에 보지 못하셨던 아버지는 저 세상으로 떠나신 것이다. 자식들이 각자 살기에 바빠 아버지의 건강을 보살피지 못해서 일찍 여읜 것 같아 무척 마음이 아팠다. "소년은 빨리 늙고 학문은 성취하기 어려우니, 한순간도 가볍게 보내지 말라[少年易老 學難成 一寸光陰 不可輕]. 나무는 조용하고자 하지만 불어오는 바람이 그치지 않는다[樹欲靜而風不止]. 부모에게 효도하고자 하나 부모님은 기다려주지 않는다[子欲養而親不待]"는 고사성어가 두고두고 나의 폐부를 찔렀다.

그때 이후, 아버지 생각이 떠오를 때면 콧등이 시큰해진다. 나이 드신 환자를 대할 때면 아버지를 치료한다는 생각으로 최선을 다하게 된다. 연로하신 어르신을 뵐 때면 가족들을 부양하느라 고생만 하시고 돌아가신 아버지의 따뜻한 온기가 무척이나 그리워진다. 나도 이제 아버지가 되었지만, 아버지로서 살아간다는 의미는 결코 가벼운 일이 아님을 느낀다. 아버지로서 살아간다는 것은 자신의 마음을 닦고 집안을 가지런히 하는 일인 동시에 사회에 봉사하는 일임을 절감한다. 가족의 든든한 아버지로서 자신과 타인에게 부끄럼 없이 살아간다는 사실이 얼마나 고귀한 수행인가를 부처님 가르침을 접하고서야 더욱 실감하게 되었다.

| 성공인생 마음공부 13 |

언제 어디서나 할 수 있는 수행이 참선

참선이든, 염불이든, 경전 독송이든 모든 불교 수행은 수행자의 마음을 청정하게 만든다. 수행은 밖에서 진리를 구하려 애쓰는 일이 아니라 자신의 마음을 밝히는 공부이기 때문이다.

어떤 불교 수행을 하더라도 참선은 꾸준히 하는 것이 좋다. 하루에 단 30분만 해도 마음이 고요해지고 밝아짐을 느낄 수 있다. 집중력이 강해지며 판단력이 빨라지고 정확해지며 생활도 원만해지게 된다. 참선에 집중하면 생활에 그대로 융화되어 갖가지 일을 원만하게 처리할 수 있음은 물론이다.

참선은 각자의 본래심(本來心)을 깨닫기 위해 하는 것이다. 참선은 언제 어디서나 철저하게 본래의 나, 참나를 찾는 수행이기에 지하철, 버스를 타고 다닐 때나 걸어 다닐 때나 상관 없이 할 수 있도록 몸에 배이게끔 해야 한다.

앉아서 참선하는 좌선이 오랫동안 습관화되어 생활화된 사람은 일상생활에서도 자연스럽게 선(禪)을 실천할 수 있다. 고요히 혼자서 하는 좌선이 바쁜 일상 중에서도 이어질 수 있어야 진정한 참선이자 생활선이다.

『증도가』에서는 "걷는 것도 선이요, 앉은 것도 선이다. 말할 때나 침묵할 때, 움직일 때나 고요할 때에 모두 몸이 편안하다"는 말이 나오는데, 이 역시 일상선(日常禪)을 강조한 가르침이다.

선은 자신의 멋진 인생을 가꾸어 갈 수 있는 지혜로운 문을 열리게 할뿐만 아니라 인격을 함양하는 가장 좋은 실천법이기도 하다. 요즘처럼 복잡하고 어려운 시대를 살아가는 사람들에게 안정되고 편안한 인생을 살 수 있는 생활의 지혜가 필요한데, 좌선만큼 훌륭한 실천은 없을 것이다.

참선은 별달리 이론이 있는 것이 아니다. 옛 선사들은 "아무개야!" 하고 부를 때, "예!" 하고 대답할 줄 아는 '그 놈'을 찾는 것이 참선이라고 했다. 언제 어디서나 보고 듣고 생각하고 아는 '이것이 무엇인가?'를 참구하는 참선을 생활화하면, 세상 속에 살면서도 세상을 벗어난 자유인으로 해탈의 기쁨을 누리며 살게 된다.

군 입대 신체검사 비리 거부

다시 군의관 시절로 돌아가 보자. 당시는 김영삼 대통령 시절이었는데, 사회적으로 군 입대 비리가 큰 사회문제로 대두된 적이 있었다. 즉 재벌이나 권력기관에 있는 사람들이 자신들의 자제들을 신체검사 과정에서 현역 입대 '불합치' 판정을 받도록 하는 일이었다.

그런데, 불행하게도 그러한 압력은 나에게도 다가왔다. 윗사람으로부터 모 신병을 턱관절로 군 면제 진단을 내리게 해 달라는 것이었다. 구강외과 과장으로서 신병들의 몸 상태를 정밀 검사해 군 입대 여부 판정을 내릴 수 있는 권한을 갖고 있는 위치에 있었던 나는 조금의 망설임도 없이 말했다. "나는 그럴 수 없습니다. 안 되는 것은 안 되는 것입니다" 라고 잘라 말하며, 불합리한 지시를 거부했던 것이다.

비록 나는 장교였지만, 군대의 위계와 지시에 저항하는 무모함을 보인 것이다. 더구나 당시 수도통합병원은 부산 쪽 인사들이 권력을 잡고 있는 상황이었다. 상관의 불법적인 지시를 따르지 않은 결과는 예상했지만, 비리를 거부한 처신은 곧바로 내게 불이익으로 돌아왔다. 이 일로 나는 성남에 있는 상무대. 즉, 국군체육부대로 사실상 좌천되는 아픔을 겪었다. 상무대는 치과도 없는 상태여서 무척이나 군 생활을 하기가 힘들었다. 나의 정체성을 찾기 어려웠기 때문이다.

그런데 몇 달 후, 내가 있을 당시의 수도통합병원 군 입대 비리 문제가 기무대의 진상조사로 세상에 밝혀지게 되었다. 이런 것을 인과응보(因果應報)라고 말하는 것일까. 해당 책임자들이 문책을 당하는 사태가 벌어진 것이다. 만약 당시, 내가 상사의 지시에 순응했다면 어떻게 되었을까? 아마도 군의관으로서 옷을 벗었을지도 모른다. 그리고 치과의사의 꿈도 물거품이 되어 사라졌을 것이다. 여기서 나는 한 순간의 올바른 판단이 일생을 좌우할 수 있다는 사실을 뼈저리게 느꼈다. 세상이 알아주지 않는 듯해도 정의는 반드시 승리하기에, 언제나 공명정대하게 세상을 살아가야 한다는 교훈을 배운 소중한 경험이었다.

1995년, 수도병원 내 국군의무사령부 치과 과장으로 부임한 나는 개인진료뿐만 아니라 파주와 의정부에 물난리가 나면 자원봉사를 나가기도 했다. 자원봉사를 할 때마다 어릴 적 시흥동에 살던 시절, 물난리로 많은 사람들이 삶의 터전을 잃고 심지어는 목숨까지 잃어버린 기억들이 주마등처럼 스쳐지나갔다. 어릴 때는 그저 안타까운 심정으로 바라볼 수밖에 없었지만, 이제는 군의관으로서 수재민들에게 도움을 줄 수 있다는 점이 무척이나 감격스러웠다. 나는 진료를 하면서 어릴적 과거의 빚을 조금이라도 씻을 수 있었다.

내가 누군가에게 받은 도움을 누군가에게 다시 보답할 수 있다는 사실은 세상이 결코 홀로 살아가는 곳이 아니며 서로가 서로에게 좋거나 나쁜 영향을 미치고 살아가는 곳임을 실감할 수 있었다. 당장은 그러한 인연의 힘을 느낄 수 없다 할지라도 언젠가는 내가 뿌린 인연의 씨앗이 자라 다시 내게 다가오는 시절이 있다는 것을 어렴풋이 느낄 수 있었다.

이후 1996년 2월부터 3년간은 국군대전지구병원(계룡대)에서 근무하며 육·해·공군 장교와 장군, 참모총장을 진료하기도 했다. 내로라하는 군 장성들의 치아를 진료하는 일은 처음에는 다소 긴장되기도 했지만, 상당히 재미있고 뿌듯한 일이었다. 아무리 계급이 높아도 진료의 책임과 권한을 내가 갖고 있기 때문에, 진료할 때만큼은 내가 더 높은 위치에 있는 것으로 생각되었기 때문이다.

이런 일을 겪으면서, 세상의 명예와 권력이란 무상한 것이어서, 마음먹기에 달린 것이라는 생각을 많이 하게 되었다. 그 사람의 능력 보다는 그 사람이 위치한 직위에 따라 명예와 권력이 달라진다는 사실은, 세간의 명예가 절대적인 것이 아니라 무상한 것임을 배우게 했다. 권력이 높다고 거만할 것도, 지위가 높다고 굽신거릴 이유도 없다는 사실이 세상의 모든 것은 무상해서 변하지 않는 것이 아무것도 없다는 제행무상(諸行無常)의 진리를 일깨운 것이었다.

| 성공인생 마음공부 14 |

중생을 사랑한 대의왕 부처님처럼

항상 상대방의 수준에 맞춰 대화를 나누었던 부처님은 언제 어디서, 누굴 만나도 단 한 번도 망설임 없이 설득력 있게 당신의 가르침을 전하곤 했다. 이러한 대기설법(對機說法)이 가능한 것은 상대방의 마음을 꿰뚫어보는 혜안에 근거한 것이지만, 근원적으로는 중생의 마음을 자비심으로 안아주는 동체대비심에 근원하고 있다. 마치 의사가 환자의 병을 알고 나서 그 증세에 따라 알맞은 치료를 해주듯이, 찾아와 묻는 사람들의 정신적, 물질적 상황을 보아 여러 가지 방법으로 교화한 것이다. 상대에 대한 지극한 이해와 사랑으로 대화를 나눈다면 소통하지 못할 일이 어디 있겠는가. 중생에 대한 지극한 연민의 소유자였던 부처님은 그래서 환자의 증상을 가장 잘 아는 대의왕(大醫王)이자 상대방의 심리를 꿰뚫는 위대한 상담가요, 제자의 근기와 마음상태에 따라 가장 효과적인 교육법을 제시한 최고의 스승이었다.

중생의 아픔을 함께하는 최고의 의사이자 소통의 달인, 최고의 커뮤니케이션 능력의 소유자였던 부처님처럼 될 수 없다 하더라도 서로의 슬픔과 기쁨을 나누고 소통할 줄 아는 사람은 궁극적으로 정신적 성장도 기약할 수 있다. 자신에게 솔직하고 하심하면서 남의 마음과 입장을 이해하고 '우리'라는 조직체계를 거시적 시각으로 바라볼 수 있을 때, 우리의 정신은 보다 높은 의식의 진화를 이룰 수 있을 것이다.

"위로는 깨달음을 얻고 아래로는 중생을 제도하라[上求菩提 下化衆生]"는 가르침에 따라 끊임없는 노력과 자기계발을 통해 관계 속에서 성공을 이룬 불자들은 가난한 이웃을 위해 자선사업과 사회봉사에 나설 의무가 있다. 그것이 삶의 존재 의미를 더욱 확고히 하는 참된 성공의 모델이라 생각한다.

후배들에게도 배우는 자세로

보통 군의관들은 의료시술과 행정을 같이 하게 마련이다. 그러다 보니, 의료 스킬이 민간 의사보다 떨어지는 게 아니냐는 지적을 받고는 한다. 실상 나도 95년 까지는 행정업무에 보다 전념하느라 진료할 기회가 상대적으로 많지 않았다. 하지만 계룡대에서 근무한 3년 동안에는 민간 의사 못지않게 많은 의료공부를 했다. 누구나 어떤 위치에 있든, 자신의 역량 내에서 최선을 다하는 삶을 살 때 부족함을 극복하고 오히려 더욱 발전적으로 성장할 수 있다는 자신감을 가질 필요가 있다.

당시 나는 수련의 군의관을 선발할 권한이 있었는데, 연세대 세브란스 병원 출신 후배들 중 치주과, 보존과, 보철, 소아치과 등 다양한 분야의 수련의를 뽑아 교육도 시키면서, 그들과 함께 새로 도입된 최신 의료 지식과 기술을 연구하고 공부했다. 비록 내가 선배이지만 청출어람(靑出於藍)이라고 후배들에게 잘 모르는 것을 기꺼이 물어보기도 하고, 또 내가 잘하는 스킬을 전수해 주기도 하면서 행복한 학습 시간을 보냈다. 더불어 의원개업이라는 꿈을 실현하기 위해서라도 고도의 전문기술을 배양해야 한다는 의욕을 더욱 강하게 가질 수 있었던 것 같다.

만약, 내가 선배라는 체면 때문에 후배들과의 토론을 외면하고 고압적으로만 나갔다면, 언제나 공부하는 자세를 견지하기 어려웠을 것이다. 언제 어디서 어떤 위치에 있든 하심하고 겸손한 자세는 주변 사람들을 편안하게 하고, 동시에 그들로부터 도움도 받을 수 있는 여건을 마련하게 된다. 세상은 홀로 살아갈 수 없고 인연과 인연이 얽혀 살아가야 하는 곳이기에, 늘 겸양하면서 함께 어울려 살아가는 자세가 매우 중요함을 터득하는 시간들이었다.

나는 후배들과 함께 호흡하며 '준비하는 마음'을 몸소 체험했다. 『금강경』에도 "사업을 함에 있어 충분한 준비가 있어야 모든 것이 원만하게 이루어진다"는 말이 있다. 무슨 일을 하든지 사전에 철저한 준비가 있어야 여유를 가질 수 있고 성공을 할 수 있다. 그때 그때 임시방편적인 삶을 살다 보면, 당시에는 편할지 몰라도 언젠가는 한계에 직면하지 않을 수 없다. 반대로 멀리 내다보고 차근차근 준비한 사람은 어떤 고난과 역경이 닥칠지라도 쉽게 극복하는 저력을 쌓을 수 있다.

군대 행정업무에 대한 경험도 지금 병원을 운영하면서 큰 도움이 됐다. 병원도 하나의 조직이기 때문에 조직 운영, 사업 계획, 사람에 대한 관리, 업무 지시, 리더십 등 경영에 관한 전반적인 기술이 필요하기 때문이다. 결국 '삶'이란 사람 사이의 관계를 얼마나 조화롭게 이끌어가는가 하는 것이 관건이었다. 여기에는 주변 사람에 대한 사랑과 감사, 늘 겸손하면서도 긍정적인 마음자세가 필수적임은 말할 것도 없다.

| 성공인생 마음공부 15 |

벗을 만나지 못하면 코끼리처럼 혼자 가라

『중아함경』에는 다음과 같은 부처님 말씀이 있다.

"말로 싸우지 말라. 말로써 옳고 그름을 판가름하려 한다면 평생을 싸워도 가릴 수 없을 것이니 말하지 않음으로써 말싸움을 끝낼 수 있느니라.

만일 훌륭한 벗을 만나거든 자신의 생각을 기꺼이 버리고 공경하는 마음으로 함께 닦아갈 것이며, 훌륭한 벗을 만나지 못하거든 코끼리가 홀로 길을 가듯이 함께 가지 말고 혼자서 가라.

배움을 얻을 때 착한 벗을 만나지 못하거든, 마땅히 굳건한 마음으로 홀로 가더라도 못된 사람들과 함께 하지 마라."

경전에서는 수행과정에서 만나는 훌륭한 인생의 선배를 선지식(善知識)이라 하고, 좋은 벗을 도반(道伴)이라 한다. 선지식이나 도반은 나의 부족한 점을 보완해주고 단점을 장점으로 전환시켜 올바른 길로 나아가도록 돕는다. 그래서 경전에서는 훌륭한 선지식이나 벗을 사귈 것을 권하고 있다.

반면, 못된 선배인 악지식(惡知識)이나 나쁜 친구를 만나면 인생은 걷잡을 수 없이 방황하게 되고 심지어는 헤어날 수 없는 구렁텅이에 빠지게 된다. 나의 경우, 군 신체검사의 비리를 눈감아준 상관이나 동료와 어울렸다면 불명예 제대는 물론, 감옥에 갇혀 돌이킬 수 없는 인생의 추락을 경험했을 것이다.

그래서 부처님께서는 좋은 벗을 사귀지 못하면 차라리 코끼리처럼 혼자서 당당하게 가라고 했다. 비록 외롭고 힘들지라도 남에게 비굴하지 않고 불의와 타협하지 않아 곤란을 겪더라도 당당하게 인생을 살아가면 마침내 보상을 받기 마련이다. 나는 군 내 비리와 타협하지 않아 일시적으로 고통을 겪었지만, 코끼리처럼 앞만 보고 걸었기에, 불운한 사건을 미연에 방지할 수 있었던 것이다.

어떤 경우라도 악한 사람과 어울리지 말고 정도를 걷는 것이 돌아가는 길 같지만, 실제로는 빠른 길이 아닐 수 없다. 옳지 못한 사람과 의견이 다를 경우는 논쟁으로 이기려 하기 보다는 차라리 침

묵으로 때를 기다리는 것이 좋다. 진실은 당장 좋은 결과를 낳지는 않지만 언젠가는 승리하기 마련이다. 직장인들은 말 보다는 행동으로 타의 모범을 보이며 묵묵히 코끼리처럼 걸어가는 것이 조직원으로서의 당당하고 멋진 삶을 기약하는 방법이 아닌가 한다.

이치영 군승법사님을 통해 부처님을 만나다

나는 오랜 세월을 군의관으로 지내다보니 별(장군)을 달고 싶은 마음이 든 적도 있었다. 군에서는 많은 장교와 사병들을 일사불란하게 지휘하는 장군은 그야말로 선망의 대상이기 때문이다. 하지만 그럴 때마다 사회적으로 지명도 있는 치과의사가 되고 싶은 열망이 더 컸다. 아울러 내 자신이 잘 되어 가족을 도와 집안의 기둥 역할도 하고 싶었다. 나와 내 가족이 잘 살고 환자들을 보다 많이 치료해서 사회에 보탬이 되는 삶이 군대생활 보다는 더욱 보람되지 않을까 하는 이유도 컸다.

그러던 중 계룡대 군의관 시절에 나는 내 인생에 획을 긋는 가장 귀한 인연을 맺었다. 바로 부처님 가르침과의 만남이었다. 계룡대 군종감실(軍宗監室)에 근무하고 계신 이치영 군승법사님을 통해서 나는 부처님의 교리에 빠져들게 된 것이다. 군종감실은 군대 내의 종교 활동과 윤리 교육을 맡아보는 특별 참모 부서로 여기엔 각 부대에서 불교를 믿는 장병들의 신앙생활과 관련된 일을 맡아보는 스님(군승법사)이나 신부님, 목사님 등이 있는데, 이들은 모두 군종감실이나 군종 참모부 소속의 장교이다. 군승법사란 조계종 소속 스님으로서 국방부장관이 지정한 종단의 교육기관(동국대 불교대학, 중앙승가대 등)을 졸업하고, 졸업 후 2~3년간 준비과정(일반학생은 이때 출가 함)을 거쳐 종단에서 군에 파송하는 특수직 승려를 말한다.

나는 이치영 군승법사님으로부터 기(氣)수련과 수맥(水脈) 이야기, 법문, 부처님의 자비 등 불교와 관련된 참으로 재미있고 다양한 것을 배웠다. 한때 군 관사에서 가족들과 함께 살던 나는 이상하게 허리가 아프고, 책을 봐도 집중이 잘 안되곤 했는데, 법사님은 그 이유가 집 밑으로 수맥이 지나가기 때문이라고 설명해 해주시기도 했다.

나는 법사님으로부터 "법당으로 와서 공부를 해 보라"는 권유를 받고 군법당에 참배하기 시작했다. 그곳에서 나는 기공(氣功), 참선 등 불교의 교리에 대해 배웠다. 그러면서 나는 "내가 모르고 있던 이런 신비롭고 뜻 깊은 세상이 있구나" 하고 무릎을 치며 불교에 깊숙이 빠져들었다. 내가 태어나서 지금까지 살아온 이유, 내가 살아가야 할 방법과 자세, 사람을 대하는 태도, 가정생활 등 모든 삶의 진리가 다 부처님 말씀 속에 있다는 점을 알고 놀라지 않을 수 없었다.

그때부터 나는 하루에 아홉 번씩 『금강경(金剛經)』을 독송하고 매일 같이 새벽 예불을 다니기 시작했다. 조계종을 비롯한 선종에서 『금강경』을 소의경전으로 택한 것은 '한 곳에 집착하는 마음을 내지 말고, 항상 머무르지 않는 마음을 일으키고, 모양으로 부처를 찾거나 보지 말 것을 강조한 정신' 때문이다. 이러한 금강경의 정신과 실천행을 집약한 글귀가 바로 "머무는 바 없이 그 마음을 내라[應無所住 而生其心]"는 가르침이다. 이 구절은 소박하게는 대립, 분별, 집착을 버린 '빈 마음'으로 너와 나, 원인과 결과에 얽매이지 않는 대자유의 삶을 살라는 뜻이다.

매일 『금강경』을 독송하면서 늘 머무는 바 없이, 집착 없이 사는 법을 익히게 되었고 그로인해 생활은 더욱 더 소박해지고 욕심도 줄어들었다. 물론 『금강경』에 대한 깊은 이치를 완전히 깨달아 해탈하는 것이 목표이지만, 주어진 일상 속에서 차근차근 수행하는 것이 세속에 사는 불자들이 깨달음을 향해 가는 적합한 방식이라는 생각이 들었다.

불교에서 말하는 깨달음은 자기 본성에 대한 스스로의 깨달음이다. 불교를 자력적(自力的)인 가르침이라고 하는 이유가 여기에 있다. 불교에서는 자기탐구, 자기 본성의 깨달음을 위해 문사수(聞思修)의 과정이 반드시 필요하다고 본다.

여기서 '문(聞)'은 법문(法門)을 듣는다는 말이다. 육체와 정신은 실체가 없는 공한 존재라는 가르침, 참 자기는 내면의 본성(本性)이라는 가르침, 내면의 본성은 모습이 없으나 신령스러운 앎을 일으키는 '공적영지(空寂靈知)'라는 가르침, 그 본성의 회복을 위한 공부 방법에 대한 가르침 등을 듣는 것이 가장 먼저 해야 할 일이라는 것이다. 처음 법문을 듣는 것은 마치 마음 밭에 뿌려진 불성(佛性)의 씨앗에 단비를 뿌려주는 것과 같다.

'사(思)'는 들은 법문을 깊이 생각하고 제대로 이해해서 그 법문을 완전히 자기 것으로 만드는 과정이다. 불교에서는 수행이 깊어지는 단계를 믿고[信], 이해하고[解], 실천해서[行], 깨달아 증득한다[證]는 네 단계로 본다. '사'는 믿음을 갖고 부처님 가르침을 깊이 받아들여 자기 것으로 소화하는 과정인 것이다. 이 과정을 통해 법문을 자기 내면에 온전히 이해하지 않으면 다음 과정인 '수(修)'를 이행할 수 없다.

'수(修)'는 법문을 듣고 깊이 생각하여 온전히 이해한 바탕에서 그 법문을 자기 삶에서 구현해 나가는 실천의 과정이다. 부처님 제자는 지혜와 자비라는 두 가지 무기로 탐욕과 성냄, 어리석음이란 세 가지 중병과 망상을 극복해 나가야 한다. 언제 어디서나 깨어있는 마음으로 불법을 일상 속에서 구현해 나가는 삶, 그것이 바로 수행이다. 불자들은 이 과정을 통해 경전에서 설해진 진리를 완전히 자기 것으로 체화하는 것이다.

  이러한 문사수의 마음공부 과정에서 가장 중요한 3가지 요소가 바로 스승, 도반(친구), 도량(장소)이다. 나는 이치영 군승법사님과 같은 훌륭한 스승이 있었고, 군법당이라는 좋은 도량, 그리고 함께 불공을 드린 장병 불자들과 중생의 마음을 서로 보듬어 주는 여러 명의 군 친구들이 있었다. 그런 면에서 나에게 군대 시절은 그 무엇과도 바꿀 수 없는 참으로 행복한 수행시간이었다.

| 성공인생 마음공부 16 |

마음의 주인공이 되게 하는 금강경

『금강경』은 마음의 눈을 뜨게 하는 경이다. 마음을 편안히 안주시키는 경이며, 항상 자기를 돌아보는 마음 관찰을 통해 번뇌와 망상의 마음을 항복 받게 하는 경이다. 그래서 많은 수행자들이 가장 많이 이 경을 독송한다.

일체의 형상(相), 즉 고정관념과 선입견, 물질과 정신의 얽매임에서 벗어나 대자유의 삶을 살게 하는 『금강경』을 통해 우리는 깨어나야 한다. 애욕과 집착을 버리고 뛰어난 슬기로움으로 평온하고 안락한 세계로 향하는 자만이 부처님께 다가가는 사람이며 마음공부 하는 사람이라 할 것이다.

『금강경』 서두에는 부처님께서 공양을 마친 후 발우(鉢盂)를 거두시고 발을 씻는 등 일상적인 모습이 생생하게 묘사되어 있다.

"한때에 부처님께서 진지 드실 시간이 되어서 옷과 빌어먹는 밥

그릇을 챙겨 사위성에 들어가서 밥을 비는데[乞食], 차례로 밥을 빌기를 마치시고 기원정사로 돌아오시었다."

이 구절에 대해 육조 스님께서는 "걸식이란 여래께서 능히 일체 중생에게 하심(下心)한 것을 나타낸 것이며, 차례로 밥을 빈 것은 빈부를 가리지 않고 평등하게 교화하신 것이다" 라고 하셨다. 이는 수행은 의·식·주를 떠나 존재하는 것이 아니며, 모든 이를 평등하게 대하고 하심하는 것이 기본임을 나타낸다.

마음공부를 한다는 것은 일상생활을 떠나서는 의미가 없다. 언제 어디서나 자기 마음을 챙기고 일과 대상을 자유자재로 부리는 삶의 주인공이 되는 것, 그것이 생활속의 명상이다. 『금강경』은 임제 선사가 말했듯이, "언제 어디서나 주인이 되어 진실을 실현한다[隨處作主 立處皆眞]"는 깨달음의 삶을 전개하도록 돕는 고귀한 가르침을 담고 있는 경이다.

"삼일 동안 닦은 마음은 천년의 보배"

게다가 이치영 법사님은 내게 잊혀지지 않는 좌우명을 새겨주었다. 바로 "삼일수심(三日修心)은 천재보(千載寶)요 백년탐물(百年貪物)은 일조진(一朝塵)이다"란 귀중한 부처님 말씀을 내 마음속에 각인시켰던 것이다. 나는 이 법문이 계룡산 신원사 현판에도 적혀 있다는 이야기를 듣고, 직접 차를 몰고 가서 보고 오기도 했다. 이 구절의 뜻은 '삼일 동안 닦은 마음은 천년의 보배요, 한 평생 탐착한 재물은 하루아침의 먼지와 같다'는 뜻이다.

이 구절을 나는 내 사무실 탁자에 큼지막하게 써 붙여놓고는 마치 좌우명처럼 매일 쳐다보며 마음에 새겼다. 그리고 십여 년간 갖고 오던 나쁜 습(習)을 끊어 버리기로 결심했다. 절제된 삶을 위해 술과 담배를 일체 끊어버렸던 것이다. 사람들은 마약 보다 끊기 힘든 술과 담배를 어떻게 끊을 수 있었는지 의아해 할 것이다. 하지만 나는 평생 애착하는 술과 담배가 하루 아침의 먼지와 같고, 마음공부 하는 시간이 영원한 보배가 됨을 확신했기에 먼지 대신 보배를 택하기로 마음먹었을 따름이다. 물론 매일 아침마다 보게 되는 부처님의 법문은 나태해질 수 있는 마음을 다잡아주는 죽비가 되었다.

『무량수경』에는 이와 비슷한 내용을 담은 다음과 같은 부처님 말씀이 있다.

"마음을 바르게 하고 청정한 계율을 지키는 것은 한량없는 공덕이 되는 것이니, 다만 밤낮 하루 동안만 계율을 지닐지라도 극락세계에서 백 년 동안 선을 닦는 것보다도 더 나으니라. 왜 그런가 하면 저 아미타불의 극락세계는 번뇌의 번거로움이 없으므로 누구나가 다 많은 선만을 쌓고 털끝만한 악도 없기 때문이니라."

어느 날, 계룡대 안에 있는 호국사 군법당에서 나는 또 다른 스님을 뵙게 되었다. 그곳 주지스님은 열심히 법당을 찾는 나에게 김재웅 법사님이 지은 『닦는 마음 밝음 마음』이란 책을 선물로 주셨다. 이 책에는 김재웅 법사님의 다음과 같은 법문이 들어있었는데, 현실생활 속에서도 마음공부를 할 수 있는 방법이 잘 묘사되어 있었다.

"복 따로 짓고 공부 따로 하는 것이 아니라, 육체는 규칙적으로 움직여 부단히 밝음을 향해 복 지으면서 올라오는 그때 그때의 마음을 부처님전에 바치면 복과 지혜는 수레의 두 바퀴처럼, 새의 두 날개처럼 부처님 세계로 우리를 인도할 것이다."

그 주지스님은 나와 같은 동(棟) 관사에 살고 계셨고, 금강경독송회의 멤버로도 활동하시는 분이셨다. 스님이 주신 책을 읽고 나는 더욱 불법에 정진하게 됐다. 스님이 일러주는대로 『금강경』을 독송하는 횟수를 늘려 하루에 8~9회를 했다. 새벽에 일어나 자전거를 타고 20분 떨어져 있는 군법당을 찾아가 예불을 드리고 108배를 하고 금강경을 독송했다. 푸르스름한 새벽안개에 휩싸여 있는 고요한 법당의 정취와 청명한 새 소리는 지금도 잊을 수 없다. 몸이 땀에 흠뻑 젖은 채 법당을 나서면 기분이 너무 상쾌해서 새처럼 날아오를 것 같은 기분이었다.

| 성공인생 마음공부 17 |

오계는 자기관리의 핵심 키워드

우리가 바르게 살면서 불교의 다섯 가지 계율을 지키려고 노력한다면 자기도 모르게 절제력을 갖게 되어 자기관리에 성공한 삶을 살 수 있을 것이라 생각한다.

5계란 살생하지 않고[不殺生], 도둑질하지 않고[不偸盜], 사음하지 않고[不邪淫], 거짓말 하지 않으며[不妄語], 과음 하지 않는 것[不飮酒]을 의미한다. 5계를 지키지 않으면 삼악도(三惡道) 즉, 지옥의 세계[地獄道], 동물로의 환생[畜生道], 굶주림과 목마름의 세계[餓鬼道]에 떨어지게 된다고 한다. 5계의 가르침을 항상 상기하고 명심하면서 살아가는 것은 사후의 무서운 과보 때문만은 아니다. 살아있는 동안, 절제된 생활을 하게 되면 몸과 마음이 건강함을 스스로 느끼게 된다. 죽어서가 아닌, 살아서 훌륭한 과보를 받게 되는 것이다.

5계를 지키고, 안 지키고는 오로지 마음에 달렸다. 마음은 정확히 선행과 악행을 알고 있고, 무의식 속에서도 잘 기억하고 있다. 계를 지키거나 안 지킨 과보 역시, 내 마음에서 이미 결정된 것과 진배 없다. 내 마음이 오늘도 업을 짓지는 않았는지 참회하며 기도해야 하는 이유가 여기에 있다. 사람은 누구나 바른 생각을 하면 영험이 나오고 부처님 말씀에 감동을 하게 된다. 비록 참회가 어렵더라도 진심으로 참회하면 업은 어느새 가벼워진다. 그렇지 않고 자신이 선업을 쌓은 것도 없으면서 바라는 것만 쫓으면 고통만 올 뿐이다. 사람은 너무 잘 나갈 때도 방심해서는 안 되고 더욱 조심하며 살아야 한다. 좋은 일이 있기까지는 그 과정에 일시적인 무수한 고통이 따르기 마련이다. 따라서 늘 감사하며 사는 게 중요하다. 좋으면 좋은대로 감사하고, 싫은 느낌이 오면 그 **정도의 고통에 그친 것을 감사**하면 된다. 풍파가 와도 내가 잘못한 것을 참회하며 부처님 말씀을 따라 묵묵히 정진할 때, 어느새 **늘 겸손하면서도 절제력 있는 자신을 발견**하게 될 것이다. 이렇게 되면 나쁜 일이 내게 범접할래야 할 수 없게 된다. **모든 것은 내 마음이 짓는 것**이기 때문이다.

불교 책 100여 권 독파

나는 이치영 군승법사님 등을 통해 불교에 입문하여 군의관 시절에 『불교란 무엇인가?』 『불교상담』 『초발심자경문』 『금강경』 『반야심경』 『지장경』 『그 마음을 바쳐라』 『금강경 독송의 이론과 실제』 등 100여 권 정도의 책을 독파했다. 이런 소중한 책들을 읽으며 나는 불교와 삶에 대한 갈증을 풀 수 있었고, 항상 맑은 마음을 유지하며 살아갈 수 있었다.

여러 경전과 불서를 읽으면서 『금강경』에 대한 발심을 새롭게 하는 계기가 되어 감사했다. 특히 금강경독송회 김재웅 지도법사님의 법문과 수행법은 귀한 가르침이 되었다. 김재웅 법사님이 『닦는 마음, 밝은 마음』에서 금강경에 대해서 밝힌 내용은 『금강경』을 독송하는 지침이 되었다.

"금강경이란 역사적인 부처님의 삶을 현실에서 다시 계승하려는 자각운동에서 출발한 것으로 여겨지는 대승불교의 초기 경전이다. 무아(無我)와 연기(緣起)사상을 토대로 이기심을 뛰어넘어 그 공덕을 뭇 삶의 의지처로 회향시키는 금경경은 자비의 연기법을 그대로 드러내고 있다. 금강경의 메시지는 시대적 요청에 대한 응답이다."

　또한 김재웅 법사님의 스승이자 금강경독송회의 초석을 다진 백성욱 박사님(前 동국대 총장)은 『금강경』의 중요성을 이렇게 설명하셨다.

　"금강경은 부처님께서 제자들을 40여 년간 가르치신 후 제자들의 경지도 높았고, 당신 또한 가장 완숙하실 때 하루 해로 말하자면 밝은 경지가 정오(正午)의 태양처럼 눈부시게 빛나셨을 때 수보리 존자가 '부처님, 이 마음을 어떻게 항복 받고 어떻게 머물러 두어야 합니까?' 하고 질문하자 석가여래 당신의 밝으신 마음 살림살이를 몽땅 털어놓으신 경이다. 당신의 밝으신 마음을 몽땅 넣으신 것이다."

　금강경독송회의 수행법은 내가 『금강경』을 독송하고 내 탐욕과 성냄을 항복받으며, 이를 생활에 적용할 수 있는 방법을 일러주었다. 백성욱 박사님과 김재웅 법사님 등 선지식을 책을 통해 만난 것도 크나큰 행운으로 여겨진다. 선지식은 독서를 통해서도, 생활 과정에서도, 사찰에서도 만날 수 있었다. 내 마음이 비워져 하심이 된다면, 저절로 선지식이 내 앞에 나타나고 귀한 가르침도 저절로 내 가슴속으로 흘러들어옴을 느꼈다.

| 성공인생 마음공부 18 |

일하지 않으면 먹지 않는다

인생은 쉽게 살아지는 게 아니다. 일은 쉬지 않고 고통을 참으며 열심히 하는 데 묘미가 있고, 남다른 성취감도 맛보게 된다.

옛날 중국 당나라 때의 백장 선사는 "하루 일하지 않으면 하루 먹지 않는다(一日不作 一日不食)"는 명언을 남겼다. 하루는 제자들이 스승이 노구(老軀)를 이끌고 일하는 것이 안타까워 호미를 감추자, 백장 선사는 하루를 굶었다고 한다. 이러한 인생관에 철저한 정신이야말로 인생을 지켜주는 기둥이다. 제자들이 존경하지 않으려야 않을 수가 없다.

원래 중국 선종의 참선은 좌선 위주가 아니라 노동과 일상생활상의 모든 잡무를 통해서 본래심인 평상심(平常心)을 전개하는 동중(動中)의 공부였다고 한다. 중국 선종의 5조인 홍인 스님은 처음 4조 도신 스님 문하에서 수행할 때 낮에는 노동에 힘쓰고 밤에는 좌선에 힘썼다고 전한다. 그리고 5조 홍인 스님 문하에서 행자생활을 했던 6조 혜능 스님은 디딜방아를 찧는 노동을 하며 공부했다고 알려져 있다. 이러한 선사들의 노동수행은 단순한 일이 아닌 참선 수행의 차원으로 새롭게 전개되었음을 역사는 증명하고 있는 것이다.

『환주청규(幻住淸規)』는 이러한 수행방법을 다음과 같이 밝히고 있다.

"일을 할 때나 좌선을 할 때나 동정의 두 모습이 여여(如如)하게 같아야 하며 근원적인 본래심인 당체(當體)는 일체의 경계를 지양(초연)하도록 해야 한다. 비록 종일 노동을 하였지만, 아직 노동하지 않은 것처럼 여여하도록 해야 한다."

좌선할 때의 고요하게 깨어있는 마음상태가 일할 때도 이어진다면 평상심이 생활화 되는 것이라 할 수 있다. 일하거나 걷거나 쉬거나 누워있을 때도 한결같이 또렷또렷하게 고요히 깨어있을 수 있다면 진정한 수행자이자 생활의 달인이라 할 수 있다.

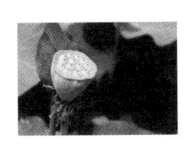

인생에 있어서 두려워해야 할 것은 일에 대한 실패가 아니라, 실패가 두려워 아무 일도 시작하지 못하는 것이다. 창조적인 삶이란 자신의 무한한 가능성을 믿고 끊임없는 도전을 통해 그것을 자신의 삶으로 현실화시키는 것이다.

05 다섯 번째 이야기
이상형의 아내는 보살님

내가 생각하는 배우자는 인생의 동반자로서 어려울 때 서로 도움을 주고 받을 수 있는 사람이었다. 또한 내가 치과의사로 활동할 때 가정과 자녀 교육에 소홀히 할 수 있기 때문에 학식도 있고, 내 조를 잘할 수 있는 사람이라면 좋겠다고 생각했다.

다섯 번째 이야기

이상형의 아내는 보살님

내가 생각하는 배우자는 인생의 동반자로서 어려울 때 서로 도움을 주고, 받을 수 있는 사람이었다. 또한 내가 치과의사로 활동할 때 가정과 자녀 교육에 소홀히 할 수 있기 때문에 학식도 있고, 내조를 잘할 수 있는 사람이라면 좋겠다고 생각했다.

세브란스 병원에 있을 때 나는 지인의 소개로 마침내 인생의 반려자이자 이상형의 아내를 만나게 됐다. 아내는 이대 약대를 졸업하고 서울대 약학대 수련의 과정을 마친 최고의 엘리트였다. 전주에서 고등학교를 다닐 때는 전라북도 전체에서 1, 2등을 놓치지 않는 수재일 정도로 공부를 잘 했던 사람이다.

그 전에도 중매 자리가 여럿 있었지만, 아내는 세속적인 조건은

아예 거들떠보지도 않았다. 그녀는 상당히 자기관리를 잘하는 사람으로 외모도 호감형이었다. 그래서인지, 아내가 나를 평생의 반려자로 선택한 것을 두고, 주변에서는 다소 의아한 반응이었다. 나는 의사였을 뿐이지 집이 부유한 것도 아니요, 부모님이 많이 배우신 분들도 아니었기 때문이다. 그러나 나와 아내는 그런 것에 전혀 개의치 않았다. 서로에 대한 호감뿐 아니라 믿음이 대단히 컸기 때문이다. 아내는 집안에서도 자기 주관이 강했고 부모님도 아내에 대한 신뢰가 컸기 때문에 흔쾌히 결혼을 승낙해 주셨다.

하지만 결혼 후, 군대생활을 오래 하다 보니 경제생활이 녹록치 않아 급기야 아내와 갈등을 빚는 경우도 있었다. 나는 15평짜리 관사에서 월 150만원의 월급을 받으며 한 달 한 달 근근이 살아가는 가난한 의사였다. 그러다보니 우리의 생활은 다른 사람과 비교가 될 수밖에 없었다. 특히 남편 하나만 믿고 살아가는 아내에게 가난한 군의관 생활이란 만족스러운 삶이되기 어려웠다. 월급도 적고 또 몇 해마다 근무지가 바뀌기 때문에 원치 않는 이사를 가야 하는 점도 불편하지 않을 수 없었다. 아내 친구 남편들은 병원 개업도 하고, 집을 사고, 차도 몰고 하는데, 산 속에서 군인들의 구령소리와 훈련장면을 지켜보면서 사는 아내의 입장에서는 답답한 현실이었을 것이다.

| 성공인생 마음공부 19 |

아내를 부처님, 환자를 보살님으로 보면…

마음공부를 하는 사람은 오직 불심(佛心)으로 살아가려 노력해야 한다. 간화선을 닦는 수행자는 오로지 화두만 챙겨야 하고, 염불하는 사람은 오직 부처님만을 생각하며 정진해야 한다. 그리고 마음공부를 하는 사람은 직장이나 가정에서는 마주하는 사람들을 부처님이나 보살님으로 보는 공부를 해야 한다.

하지만 억지로 자신의 마음을 상대에 맞추어야 한다는 건 아니다. 살다 보면 마음에 드는 사람, 마음에 들지 않는 사람이 있게 마련이다. 그런 때일수록 누구와 만나더라도 부처님과 함께 한다는 생각, 상대방이 바로 부처님이라는 생각을 내는 연습을 해야 한다.

조선을 건국한 태조 이성계와 그의 정신적인 스승으로서 조언을 아끼지 않았던 무학대사 이야기다.

태조 이성계는 평소 무학대사를 만나면 농담을 많이 했다고 한다. 평소에도 무학대사를 볼 때마다 대사의 얼굴상에 대해 놀렸던 이성계는 이 날도 농을 건넨다.

"나는 대사를 볼 때마다 성품은 곧고 바르지만 얼굴은 꼭 산속에 있는 멧돼지를 보는 것 같구려. 하하."

무학대사는 예전에는 그냥 웃어넘겼지만 이번에는 한 수 가르침을 준다.

"전하, 제가 한 말씀 드려도 될런지요."

"해보세요, 대사."

"전하, 저는 전하의 용안(龍顏)을 볼 때마다 부처님으로 보인답니다."

"아니, 대사께서 어찌 아첨을 하는거요?"

"아닙니다. 저는 사실대로 말했습니다. 부처의 눈에는 부처만 보입니다."

이 말을 들은 이성계는 껄껄 웃으며 다시는 대사를 놀리지 않았다고 한다.

이와 같이, 상대방을 비난하고 헐뜯는 것은 자신을 비난하고 헐뜯는 것과 같다. 반대로 상대방을 추켜 세워주면 자신의 입지가 올라간다. 상대를 칭찬하고 격려해주면 결국은 자신의 기분도 좋아지게 된다. 모든 사람을 부처님으로 공경하는 사람은 당장은 아닐지라도 언젠가는 부처님과 같은 인격자로 존경받게 마련인 것이다.

화가 나거나 우울할 때 자신을 스스로 다스리고 통제하면 세상에 안 될 일이 없다. 내가 나를 존중하고 상대를 존경하면, 상대도 나를 다시 생각하기 마련이다. 반대로 남을 무시하면 자신도 무시를 당하게 되는 것은 당연한 일이 아닐 수 없다. 가장 가까운 사람, 가장 자주 보는 사람들. 아내나 남편, 직장 동료나 후배를 부처님처럼 대해보자. 금세 나를 대하는 태도가 달라짐을 느낄 수 있을 것이다.

종교와 경제 문제를 둘러싼 갈등과 사랑

나는 아내의 소박한 욕구를 채워줄 수도 없고, 그렇다고 싸울 수도 없는 진퇴양난의 입장에 처하고 말았다. 불교를 공부하면서부터 그러한 현실과 이상간의 괴리에서 오는 갈등이나 짜증 나는 마음을 다스릴 수 있었던 것은 어쩌면 전화위복의 계기였는지도 모른다.

나는 아내에게 "여보, 조금만 기다려 줘요, 나는 준비하고 있다오" 하며 약속했고, 아내는 그러한 나에게 "당신이 꼭 잘 되리라 믿어요. 현실에 충실한 당신이 난 무척 자랑스러워요"하며 위로해 주었다. 가난한 군의관의 아내로서, 어려움을 내색하지 않고, 용기를 북돋아주는 아내는 그야말로 살아있는 보살님이었다.

아내의 인내와 하심, 기다림이 아니었다면 나는 크게 낙담하여 좌절했을 지도 모른다. 그래서 부부는 인생의 동반자이자 도반(道伴)이 아닌가 한다. 서로의 부족한 부분을 메워주고, 상대가 힘들 때 용기를 주는 단짝은 둘이면서 하나요, 하나이면서 둘인 소중한 인연이라 느껴진다.

나는 불교 공부를 시작하면서 "제가 무사히 전역할 수 있게 해 주시고, 사회에 나가서는 크게 성공하여 가족과 어려운 이웃을 도우며 살겠다는 간절한 꿈이 이루어지도록 도와주십시오" 라며 부처님께 기도하며 살았다. 그 당시 부처님의 은덕이 없었더라면 아마도 더욱 마음이 힘든 시기를 보냈을 것이다. 비록 당시에는 타력(他力)신앙에 기대는 기복적인 기도였지만, 꾸준한 『금강경』 독송수행을 통해 기도 역시 나의 참된 본성(本性)을 찾는 자력(自力)수행으로 전환되고 있음을 실감했다.

당시, 경제문제 이외에 아내와의 또 다른 갈등은 바로 종교문제였다. 나는 불교를, 아내는 기독교를 믿었다. 아내는 십 수년 동안 믿었던 자신의 종교를 나 때문에 포기할 수 없었고, 나는 나대로 아내가 기독교 대신 불교를 믿었으면 하는 바람을 갖고 있었다. 고민을 거듭하다 군법당 스님께 자초지종을 설명 드리자, 스님은 "자네가 열심히 하면 부인이 따라오게 된다"며 더욱 불교 공부와 수행에 정진하라고 하셨다.

아니나 다를까. 더욱 열심히 『금강경』을 독송하고 예불에도 빠짐없이 참석하니 거짓말 처럼 아내가 불교에 호감을 갖게 됐다. 얼마 뒤 우리 가족은 주말마다 사찰의 법당을 참배하면서 함께 불교 공부를 하는 도반이 됐다. 그러나 시간이 흐른 뒤, 나는 다시 한 번 깊은 반성을 하게 됐다. '내가 아무리 남편이지만, 이런 욕심을 부려도 되는가. 나도 아직 깨닫지 못하고 있는 부처님 말씀과 불교를 아내에게 무작정 따르라고 하는 건 아내를 존중하지 않는 행동이 아닌가?' 하고 돌이켜 보게 됐다.

그래서 나중에는 아내에게 미안하다고 말하고, 아내가 하고 싶은 성경 공부를 하도록 했다. 종교에 대한 나의 집착을 버린 것이다. 당시나 지금이나 종교간의 이해를 통해 가정의 화목을 이루고자 자기를 희생했던 아내의 헌신적인 마음을 고맙게 생각한다. 종교간의 틀마저 뛰어넘어 가족을 위해 양보하고 배려하는 그 마음이 참된 종교심이 아닐까 하는 생각까지 든다.

2009년 2월, 선종(善終)하신 김수환 추기경의 추도식에는 스님들도 많이 참석해 애도의 눈물을 흘리는 아름다운 광경이 연출됐다. 종교의 영역을 넘어 서로 존중하고 배려하는 그러한 마음이야말로 가장 중요한 종교심이 아닐까 생각한다. 아내는 교회를 다니면서도 보통의 신자들과 달리, 이미 종교에 대한 관용과 이해를 생활화하고 있었으니, 내게는 대승의 보살님으로 여겨졌다. 이 세상의 진리를 불교라고 할 때, 불교 아닌 것이 어디에 있겠는가. 참된 불교는 불교라는 틀마저 초월해 모든 종교를 포용할 수 있는 것임을 아내와의 종교갈등을 통해 배울 수 있었다.

남편과 아내가 조금씩 양보하며 서로 사랑하며 노력을 다할 때라야 가정은 행복의 원천이 될 수 있다. 아무리 어렵고 힘든 일에 시달려도 가정에만 돌아오면 피로나 스트레스가 사라지고 희망과 용기가 솟아나고 힘이 넘치는 기분을 느낄 때가 있을 것이다. 가정이 화목하면 건전한 사회, 살 만한 사회가 될 것이고, 가정이 안락하면 세상이 평화롭게 다가오고 만사가 순조롭고 원만할 것임에 틀림없다.

　부부는 남남인 남녀가 만나서 이룬 가장 가까운 사이로서 숙세(宿世; 전생의 세상)의 깊은 인연인 줄 다시 한 번 생각하게 된다. 그 깊은 인연을 항상 감사하게 여기면서 서로 공경하고 존중하고 사랑하여 화목한 가정, 즐거운 내 집이 되도록 해야겠다. 마음먹기에 따라서 '부부 싸움은 칼로 물 베기'라고 하듯이 깊은 정(情)이 들 수도 있지만, '부부도 돌아누우면 남'이라고 하듯이 하루아침에 관계가 끊어질 수도 있다. 그래서 부부 관계는 가장 가까우면서도 가장 먼 관계이고, 가장 쉬운 관계이면서 가장 어려운 관계라고 하였다. 부부 생활을 통해 누구든 마음공부의 정도를 돌아보는 잣대가 될 수 있음을 경험으로 알 수 있다.

| 성공인생 마음공부 20 |

남편과 아내의 도리

가정은 행복의 보금자리이고 삶의 터전이다. 가정은 어버이와 자식들이 공동생활하는 사회의 가장 작은 집단이다. 가정의 주축이 되는 부부는 세상의 그 많고 많은 남녀 중에 한 남자와 한 여자가 결합하여 혼인관계를 맺은 선택된 사람들이다. 지나가다가 옷자락만 스쳐도 대단한 인연이라 했다. 그런데 일생 동안 금슬(琴瑟)이 좋아서 살아서는 동고동락(同苦同樂)하며 같이 늙다가, 심지어는 죽어서도 같은 무덤에 묻히기를 맹세하기도 하니 숙세(宿世: 과거세)에 지은 깊은 인연이 아니면 어찌 가능하겠는가.

『잡비유경』에는 이런 예화가 있다.

옛날 어떤 부인이 딸을 낳았는데 예쁘기 그지없었다. 그 소문을 들은 국왕이 그 아이가 크면 자신의 아내로 삼겠다고 하였지만, 도인들은 이 아이는 다른 남자와 결혼할 것이라 예언했다.

그러자 왕은 높은 설산 중턱에 살고 있는 백조를 불러 여자 아이를 그곳으로 데리고 가서 키우도록 했다. 백조는 곧 아이를 자신의 둥지로 데려가 세상과 인연을 끊게 하고는 날마다 궁중에서 밥을 날라다 먹였다.

어느덧, 아이는 성숙한 여인으로 자랐다. 그러던 어느 날 호수의 상류에 물난리가 나서 한 사내가 통나무를 안고 떠내려 오다가 천신만고 끝에 백조의 둥지 위로 오르게 됐다. 사내는 백조 둥지에 홀로 있는 천하절색의 미인을 보자 한눈에 반했고, 여인도 남자를 백조의 눈에 띄지 않게 숨겨 주었다. 그 둘은 애정을 키워나갔다.

날마다 여자를 들여다보던 백조는 어느 날 여자의 몸이 달라진 것을 발견하였다. 수상히 여긴 백조는 둥지를 샅샅이 뒤져서 한 사내를 발견하고 당장 궁중으로 날아가 왕에게 이 사실을 고했다.

이와 같이, 사람은 나면서부터 제 짝이 있어서 사람의 힘으로는 어쩔 수 있는 것이 아니다. 짝은 만나면 서로 끌려 허락하는 것이니, 뭇짐승들 역시 마찬가지이다. 그래서 부처님께서는 "부부 인연은 인력(人力)으로는 안 된다"고 하셨다. 이렇게 지중한 인연이 부부 인연인데, 요즘 사람들은 너무 쉽게 맺어지고 너무 쉽게 헤어지기도 하여 부부 인연이 점점 희석되는 듯하다.

부처님께서는 부부가 백년해로(百年偕老)를 하고 동혈지우(同穴之友: 한 구덩이에 묻히는 벗)가 되어 행복하게 살려면 "남편은 남편의 도리를 다하고 아내는 아내답게 아내의 도리를 다해야 한다"고 하셨다.

부처님은 남편이 남편의 도리를 다하는 것으로 다섯 가지를 들었다.

첫째는 처자를 사랑하는 것이요, 둘째는 업신여기고 무시하지 않는 것이요, 셋째는 물질적으로 선사(膳賜)하고 편리하게 살아가게 하는 것이요, 넷째는 마음에 편안함을 얻게 하는 것이요, 다섯째는 아내의 친족을 생각하는 것이라 했다.

이와 함께, 부처님께서는 여성은 남성보다 근기가 하열(下劣)하고 분별심이 많기 때문에 아내의 도리를 더 자상하게 말씀하셔서 경책하셨다.

『선생경(善生經)』에서는 아내는 열세 가지 일로 남편을 공양하고 순종해야 한다고 하셨다.

"첫째는 남편을 존중하고 사랑하며 공경하는 것이요, 둘째는 남편을 존중하며 공양하는 것이요, 셋째는 남편을 잘 생각하는 것이요, 넷째는 할 일을 챙기는 것이며, 다섯째는 권속을 잘 거두는 것이요, 여섯째는 먼저 우러러 모시는 것이며, 일곱째는 애정을 품는 것이요, 여덟째는 말이 성실한 것이며, 아홉째는 문을 잠그지 않고 기다리는 것이요, 열번째는 오는 것을 보고는 칭찬하는 것이며, 열한번째는 자리와 침상을 펴고 기다리는 것이요, 열두번째는 깔끔하고 맛있고 풍족한 음식을 차리는 것이며, 열셋째는 수행자를 공양하는 것이다."

요즘 젊은 여성 중에는 약간 부담을 느낄 수 있는 내용도 있지만, 말씀 한마디, 한마디가 여성으로서 아내로서 부덕(婦德)을 쌓고, 인생의 지침이 될 만한 좋은 말씀들이다.

고된 약국생활, 남루한 지하 전세방

이제 경제 이야기를 해보자. 1991년 결혼할 당시, 아버지는 신혼집을 얻으라며 2천만 원을 도와 주셨다. 그 돈으로 우리는 안산에 15평짜리 아파트를 구입했다. 그러나 이듬해 군의관으로 입대하면서 전세를 놓았으나, 집값이 1천2백만 원으로 폭락하고 말았다. 나름대로 재테크를 하여 돈을 모으려던 꿈이 좌절된 것이다.

가정 경제가 넉넉하지 못했던 군의관 시절, 나는 돈을 벌기 위해 아르바이트를 하기도 했다. 아는 선배를 통해 야간에 준 종합병원의 응급실이나 중환자실에 가서 교통사고 환자를 수술하거나 돌보기도 했다. 비록 부업으로 돈을 벌기 위한 힘거운 일이었지만, 환자를 치료할 수 있다는 사실에 밤잠을 줄여가며 아르바이트를 했다. 아픈 사람을 치료하면서 경제적인 문제를 해결할 수 있다는 사실에 감사한 마음도 적지 않았다.

1994년부터 이듬해까지는 아내가 서울 대방동 해군회관 근처에서 작은 규모의 약국을 경영했다. 남편 월급으로 살림을 꾸려가기 힘들다 보니 아내도 마침내 생활전선에 뛰어든 것이다. 약대 전문의 자격증이 있었던 아내에게는 자신의 재능을 사회에 발휘하는 기회가 되기도 했다. 나는 미안한 마음이 적지 않았지만, 가정경제를 생각할 때 내심 고맙고 대견한 마음이 적지 않았다. 하지만 자리가 안 좋아서인지 약국이 잘 되질 않았다. 서울 수도통합병원에서 근무하던 나는 아내를 돕기 위해 저녁이면 약국으로 가서 일을 했다. 약국에는 작은 방이 딸려 있었는데 10시까지 약국 일을 보고 나서 그 방에서 자고 출근하는 날도 많았다.

그런데 약국의 방은 반 지하여서 환기도 제대로 되지 않았고, 물도 제대로 나오지 않아 고생은 이만저만이 아니었다. 심지어 순간온수기로 물을 끓여서 세수를 해야 했고, 샤워는 꿈도 꾸지 못했다. 우리 지하방 옆에는 봉제공장이 있었는데, 그곳 한편에 지하수 물로 샤워를 할 수 있는 장소가 있었지만 어두컴컴하고 음산해 지하수를 끌어올리는 펌프 소리는 무서울 정도였다. 게다가 가스냄새가 역류해 어쩔 때는 방 한가득 퀴퀴한 가스냄새가 진동하기도 했다. 돈벌이도 안 되고, 번듯한 집도 없이 그런 곳에서 생활해야 했던 상황에서 아내는 속으로 나를 무척이나 원망했을 것이다.

그런 어려움을 겪은 이후, 우리 가족은 약국 인근에 있는 지하 전세방으로 이사를 갔다. 그나마 햇빛이 들어오는 방이기는 했지만 여전히 살기에 비좁고 불편했다. 명색이 명문대 출신에다 약사인 아내를 고생시키는 것에 큰 자괴감을 느껴야 했던 나는 '앞으로는 절대로 이런 곳에서 살지 않겠다'고 각오하고 또 각오했다. 한 가정도 책임지지 못 하는 사람이, 이 사회를 위해 어떤 보탬을 줄 수 있을까 하는 약한 마음이 들기도 했다. 가정경제를 일으키는 일은 개인적으로는 자신감을 회복하는 일이었으며, 나아가서는 세상을 위해 좋은 일을 해보고 싶다는 하나의 발원을 성취하기 위한 기본전제이기도 했다.

이런 어려운 시절의 경험이 있었기에, 가난한 사람을 돕겠다는 작은 발심은 더욱 굳어졌다. 한마디로 내가 열심히 살면서 수행을 제대로 하게 된 동기는 아내의 보살핌 덕분이라 해도 과언이 아니다. 유복하게 살고 학식도 풍부한 사람임에도 종교문제와 경제적인 궁핍을 다 참아주고 나를 존중해 주었으며, 용기까지 주었으니 말이다. 나는 한때 법당에서 절을 하다가 "내가 일찍 부처님 법을 알았다면 가족이 고생을 안했을 텐데, 미리 수양을 했으면 아내를 다독이고 마음을 풀어주었을 텐데……." 라고 독백하며 눈물을 쏟은 적이 있다. 그러면서 '평생 부처님이 시키는 대로 하겠습니다' 하는 다짐을 하기도 했다.

| 성공인생 마음공부 21 |

수행은 연습, 생활이 실전이다

우리는 법회에 나가거나 경전을 읽는데 많은 노력을 기울이지만, 정작 중요한 것은 자신이 얻은 교훈과 깨달음을 실제 생활에서 얼마나 제대로 반영하느냐에 달려있다. 경전 독송과 참선, 주력수행, 절하기, 염불 등 마음공부를 하면서 느낀 것을 한 가지라도 자신의 삶이나 행동에 연결시키는 것이 살아있는 공부이다.

우리는 경전을 읽고 법문을 들을 때 그 가르침이 너무나 합리적이고 옳게 느껴져서 감동과 탄복을 하고, 환희를 느끼기도 한다. 하지만 실생활로 돌아가면 금방 분별심이 일어나거나 성내는 마음이 일어나곤 한다. 이는 중생이 사생육도(四生六道)를 윤회하면서 헤매는 버릇이 습관화되었기 때문이다. 순간순간 불법에 감명을 받으면서도 생활로 돌아가면 잊어버리고 마는 것은 현생과 무수한 전생에서부터 익힌 습관이 일어나기 때문이다.

예를 들어, 의사가 환자에게 술과 담배를 하면 몸에 좋지 않다고 이야기 하면 잠시 그 습관을 멈추다가도, 며칠도 안돼 언제 그랬냐는 식으로 다시 술·담배를 하는 경우가 많다. 이러한 잘못된 습관들은 다생에 걸쳐 형성된 무엇인가를 욕심내는 탐심(貪心), 누군가에게 성을 내는 진심(瞋心), 어리석음에서 헤어나지 못하는 치심(恥心) 등 삼독심(三毒心) 때문에 비롯됐다. 불교에서는 이것을 열반 해탈을 막는 커다란 장애로 보며 이를 극복하는 과정을 수행의 으뜸으로 보고 있다.

습관은 순전히 자신이 만든 세계이자 자신의 마음이다. 용기 있는 사람은 이러한 마음을 단번에 끊어버린다. 부처님을 생각하고 끊임없이 정진하면 세속의 생각과 습관이 저절로 끊어지게 됨을 느낀다. 이를 위해서는 무엇보다 자신의 오래된 습관에 대한 깊고 강한 자기성찰이 있어야 할 것이다.

특히 마음공부 하는 사람들은 인생의 소중함을 절감하고, 살아있는 동안 공부를 끝낼 각오를 다져야 한다. 『화엄경』에 나오는 '인생난득 불법난봉(人生難得 佛法難逢)' 즉, 사람 몸 받아 태어나기 어렵고 부처님의 법 만나기 어려움을 자각해야 한다. 사람으로 어렵고 어렵게 태어났을 때 최선을 다해 참나를 찾아야 한다.

득생인도난(得生人道難) 사람의 몸 얻기 어렵고
생수역난득(生壽亦難得) 세상에 나서 오래 살기도 어렵다.
세간유불난(世間有佛難) 부처님이 세상에 나오시기 어렵고
불법난득문(佛法難得聞) 그 부처님 법을 얻어 듣기 어렵다.

『열반경』에서는 사람으로 태어나는 것이 '맹구우목(盲龜遇木)', 즉 눈먼 거북이가 바다에서 떠도는 나무를 만나는 것처럼 어렵다고 했다. 우리는 사람으로 태어나는 인연과 불법을 만나는 불연(佛緣)을 모두 지었으니, 부처님 법에 의지하여 깨달음을 향한 정진수행을 늦춰서는 안 될 것이다.

내가 나를 존중하고 상대를 존경하면, 상대도 나를 다시 생각하기 마련이다.

가장 가까운 사람, 가장 자주 보는 사람들.

아내나 남편, 직장 동료나 후배를 부처님처럼 대해보자.

금새 나를 대하는 태도가 달라짐을 느낄 수 있을 것이다.

06 여섯번째 이야기
부처님 가피로 행복한 의사

7년간의 군의관 생활을 마치고 나는 1999년 2월, 드디어 사회에 첫 발을 내디뎠다. 아는 선배가 서울 을지로 명보극장 옆에서 운영하던 치과의원을 인수받아 '명보치과'를 개업하게 됐다. 당시는 IMF 관리체제 아래 무시무시한 경제 불황이 사회 전역에 불어 닥친 때였다. 그래서 동네 의원과 병원들 가운데는 영업이 안 돼 문을 닫는 곳이 많았다.

여섯 번째 이야기

부처님 가피로 행복한 의사

　7년간의 군의관 생활을 마치고 나는 1999년 2월, 드디어 사회에 첫 발을 내디뎠다. 아는 선배가 서울 을지로 명보극장 옆에서 운영하던 치과의원을 인수받아 '명보치과'를 개업하게 됐다. 당시는 IMF관리체제 아래 무시무시한 경제 불황이 사회 전역에 불어 닥친 때였다. 그래서 동네 의원과 병원들 가운데는 영업이 안 돼 문을 닫는 곳이 많았다. 그러나 군 제대 전 나는 5년 내에 경제적으로 자립하고, 그 이후에는 불법 공부를 하는데 전념하기로 마음먹었던 터였다. 경제적인 자립은 정신적 자립에 보탬이 되고 안정적으로 부처님의 가르침에 대한 공부를 할 수 있는 기반이 되기 때문이다.

IMF 시절 의원 첫 개업

하지만 막상 병원을 인수해 보니, 시설이 무척 낙후되어 있었다. 너무 오래된 건물이라 냉난방도 제대로 안 되고 화장실도 지저분하고 불편했다. 여름엔 덥고 겨울엔 추운 그런 곳이었다. 그래서 환자들의 불평불만도 컸다. 그렇지만 나는 이러한 역경에 주저앉을 수는 없었다. 군인정신으로 위기를 극복하리라 마음먹고 더욱 마음을 다잡으며 누구보다 열심히 병원을 운영했다. 매일 아침에 간호사들보다 1시간 30분 일찍 출근하여 병원을 청소하고 진료 준비를 다 해놓고, 금강경을 독송하였다. 마음이 행동을 지배하기도 하지만, 행동이 마음을 다시 변화시키기도 한다. 마음과 행동이 둘이 아니기에 나의 의지와 육체는 더욱 게으르지 않고 정진하는 삶을 살게 되었다.

그때의 생활태도는 너무나 확고해서 형편이 나아졌다고 해서 다시 나태해지지는 않았다. 지금도 간호사 7명을 고용하고 있지만, 그때나 지금이나 나는 간호사를 단순한 부하직원으로 생각하지 않는다. 간호사는 내 사업을 돕는 파트너, 나에게 도움을 주는 사람으로 생각한다. 내가 월급을 주고 일을 시킨다고 해서 나보다 일찍 출근

해야 하고, 허드렛일을 도맡아서 해야 한다는 생각을 해본 적이 없다. 물론 간호사는 나보다 인생 경험도 적고, 의학에 대한 지식이나 기술이 떨어진다. 그렇지만 부족한 건 부족한 대로 내가 이해하고 모르는 부분은 충실하게 가르쳐주는 것이 병원 대표인 내가 해야 할 역할이라 생각했다.

그리고 직원들이 나의 기대에 미치지 못한다고 속상해 하지 않고, 내가 그들의 눈높이에 맞춰 가면 된다고 생각하고 실천했다. 그러한 마음으로 간호사들을 대하니까 간호사들도 나를 잘 따르고, 환자들에게도 보다 적극적이고 친절하게 봉사하는 태도를 보였다. 서로를 존중하고 배려하는 마음이 있다면 직장에는 활기가 차고 즐겁게 일할 수 있는 분위기가 조성되기 마련이다.

그리고 나는 병원에 오는 손님을 모두 정성스럽게 대했다. 내가 가진 의술을 발휘하여, 아픈 사람들에게 도움을 주어 그들이 건강하게 회복하도록 하는 게 의사이자 불자로서의 나의 천직(天職)이자 업(業)이라는 생각 때문이다. 당시 치과 주변에는 인쇄소가 많아서 찾아오는 손님들은 대부분 돈이 없는 사람들이었다. 하지만 그런 분들에게 더욱 소홀함이 없도록 만전을 기해 의료행위를 했다.

| 성공인생 마음공부 22 |

단꿈에 빠져 사는 위태로운 인생

우리네 삶은 평화로운 듯하다가도 어느새 폭풍우가 치는 고난의 길을 걷게 되기도 한다. 그야말로 희로애락이 수시로 교차하는 영원히 현재진행형인 한 편의 영화와도 같다.

이처럼 위태로운 삶의 형국을 나타낸 유명한 불교설화에 '안수정등(岸樹井藤)' 이야기가 있다. 안수(岸樹)란 강가에 겨우 서 있기는 하지만 폭풍을 만나면 견디지 못하고 언제 쓰러질지 모르는 위태로운 큰 나무를 말한다. 그리고 정등(井藤)은 우물 속의 등나무를 가리킨다. 이야기는 이렇다.

한 사람이 망망한 광야를 가는데, 무서운 코끼리가 그를 쫓아오고 있었다. 코끼리를 피하여 정신없이 달아나다 보니 언덕 밑에 우물이 있고, 등나무 넝쿨이 우물 속으로 축 늘어져 있었다. 그 사람은 등나무 넝쿨을 하나 붙들고 우물 속으로 내려갔다.

그런데 우물 밑바닥에는 독사 네 마리가 입을 벌리고 쳐다보고 있고, 또 우물 중턱의 사방을 둘러보니 작은 뱀들이 혀를 날름거리고 있었다.

할 수 없이 등나무 넝쿨을 생명줄로 삼아 우물 중간에 매달려 있자니, 두 팔은 아파서 빠지려고 하는데, 설상가상으로 흰쥐와 검은 쥐 두 마리가 번갈아 가며 그 등 넝쿨을 쏠아대고 있는 것이었다.

만일 쥐가 쏠아서 등나무 넝쿨이 끊어지거나, 두 팔의 힘이 빠져서 아래로 떨어질 때는 독사들에게 잡아먹히는 수밖에 없는 신세다. 그때 머리를 들어서 위를 쳐다보니, 등나무 위에 매달려 있는 벌집에서 달콤한 꿀물이 한 방울, 두 방울, 세 방울, 이렇게 떨어져서 입안으로 들어갔다.

그렇게 한 방울 두 방울 꿀을 받아먹는 동안에는 자기의 위태로운 처지도 모두 잊어버리고 황홀경에 도취되었다. 그러면서 나그네는 그 달콤한 꿀맛에 취해서 그만 자신이 절벽에 매달려서 코끼리를 피하고 있다는 사실조차 잊어버렸다. 또한 흰 쥐와 검은 쥐가 넝쿨을 갉아먹어 언젠가는 떨어져 독사의 밥이 되리라는 것도 망각하고 말았다. 오히려 조금이라도 더 많은 꿀을 먹어보려고 넝쿨에 연결되어 있는 벌집을 흔들어 보기도 하지만 벌집을 흔들수록 벌집에 있던 벌들이 날아들면서 나그네를 더 쏘아댔다. 이 이야기에서 코끼리는 무상하게 흘러가는 세월을 의미하고, 등나무 넝쿨은 생명을, 검은 쥐와 흰 쥐는 밤과 낮을 뜻한다. 작은 뱀들은 가끔씩 몸이 아픈 것이고, 독사는 죽음을 의미하고, 달콤한 꿀물 방울은 인간의 오욕락(五慾樂) 즉 재물, 이성, 음식, 명예, 편안함을 추구하는 욕망을 상징한다. 언제 죽을지 모르는 위태로운 상황에 놓여있으면서도 그 꿀 한 방울에 애착하여 무상하고 위태로운 삶을 모르고 사는 중생을 비유한 이야기다.

이 설화는 우리가 처해있는 실제의 모습을 모르고 오욕락에 빠져 그것에만 집착하여 살아가는 인간의 그릇된 생활을 빨리 벗어날 것을 경고하고 있다. 우리 생명이 다하기 전에 넝쿨을 타고 올라가 전생의 업장을 다 녹이고 진정한 자유인으로 살아가라는 법문인 것이다. 우리의 삶은 한 치 앞을 보지 못하는 맹인의 불안한 삶과 다를 바가 없다. 늘 오늘이 마지막 날인 것처럼, 정성을 다해 최선을 다해 모든 이를 위해 살아가는 삶이 오욕락의 그물에서 벗어나는 방법이 아닐까 한다.

'천지동근(天地同根), 동체대비(同體大悲)'

나는 내 주변의 모든 이들이 나를 도와주는 사람이라고 생각한다. 사람들은 자기가 남을 도와주며, 자신이 희생한다는 마음으로 세상을 살아간다. 그러나 이러한 자세보다는, 남이 나를 위해 희생한다는 마음, 그래서 항상 남에게 감사한 마음을 가져야 한다고 생각한다. 왜냐하면 모든 존재, 그 가운데 사람은 서로가 인연과 인연에 의해 그물망처럼 연결되어 있기 때문이다. 그래서 부처님은 우리가 깨달음에 도달할 수 있는 것은 중생 즉, 다른 사람들이 있기 때문이며, 모든 중생을 어머니로 생각하면 자비심이 저절로 생겨난다고 하셨다.

보리심으로 사람들을 깨달음과 행복으로 이끈 인도의 샨티데바 (687~763) 스님은 이런 가르침을 남긴 바 있다.

"이 세상에 질병으로 고통받는 이들이 있는 한 그들의 질병이 모두 치유될 때까지 제가 의사가 되고, 간호사가 되고, 약 자체가 되게 하옵소서. 먹을 것과 마실 것이 소나기처럼 쏟아져 굶주림과 갈증이 사라지고 먹고 마실 것이 부족할 때는 제가 먹을 것과 마실 것이 되게 해 주시옵소서."

『샨티데바의 행복수업』 중에서

　이처럼 내가 남을 돕고 살아야겠다는 자비심과 함께 늘 하심(下心)하며 살다 보면 감사한 마음은 저절로 생겨나게 된다. 부처님은 '천지동근(天地同根)이요 동체대비(同體大悲)다'라고 말씀하셨다. 이는 너와 내가 같은 마음(불성)을 갖고 있다는 말씀이다. 너와 나를 비롯한 이 세상의 모든 존재가 생명과 체온을 함께 나누는 한 몸이라는 얘기다. 따라서 나만 특별히 존중받기를 바랄 게 아니라 서로가 서로를 존중하고 아껴야 하며, 오히려 자신보다 남을 존중하고 귀중하게 여겨야 하는 것이다.

| 성공인생 마음공부 23 |

"너는 네 세상 어디쯤에 와 있는가?"

"너는 네 세상 어디에 있는가? 너에게 주어진 몇몇 해가 지나고 몇몇 날이 지났는데, 너는 네 세상 어디쯤에 와 있는가?"
독일의 유대인 사상가이자 종교 철학자 마르틴 부버가 『인간의 길』에서 한 유명한 말이다. 나직한 목소리로 위 글귀를 소리 내어 읽어보자. 이 물음을 통해 각자 지나온 세월의 무게의 빛깔을 얼마쯤 가늠할 수 있을 것이다. 또한 지난날을 뒤돌아보고 현재는 어떠한 삶을 살고 있으며, 앞으로 무엇을 어떻게 실천해야 하는지를 성찰하는 계기가 될 것이다.
다시 한 번 나직한 목소리로 물어보자.
"너는 네 세상 어디에 와 있는가?"
이와 같은 물음으로 인해 우리는 저마다 마음속 깊은 곳에서 울려오는 진정한 자신의 소리를 듣게 될 것이다. 그리고 삶의 가치와 무게를 어디에 두고 살아야 할 것인가도 함께 심사숙고 하게 될듯 싶다.

이와 같이, 불자는 수시로 자신의 삶을 객관적이고 정직하게 되돌아보아야 한다. 작은 일에 눈이 팔려 큰 일을 놓치지 않아야 한다. 누구도 내 삶을 대신해줄 수 없기 때문이다. 자기 관리는 바깥의 소리, 즉 남의 말이나 평가 등에 의존할 게 아니라 스스로 해야 한다. 진정한 스승은 내 안에 깃들어 있기 때문이다.

"우리는 어디에서 와서 어디로 가고 있는 것일까?"

"부모로부터 태어나기 이전의 본래면목은 무엇일까?"

이것을 화두삼아 살아가는 삶, 이런 깨어있는 인생을 창조해가는 사람은 어떠한 고난이 와도 근본문제를 놓치지 않고 올바른 삶을 살지 않을 수 없다. 이러한 고귀한 삶은 '본래의 나', 참나를 찾는 의식의 진화이자 진정한 자아실현의 과정이기 때문이다.

병원은 살아있는 부처님 만나는 법당

모든 사람을 사랑하는 마음가짐으로 병원을 운영하고 환자를 대할 수 있었던 것은 모두 '부처님의 힘'이었다. 불교를 수행하면서 나는 병원을 법당으로 여길 수 있게 되었다. 계룡대에서 군의관을 하던 시절 인연을 맺었던 이치영 군승법사님께서 "경전 독송을 하면 좋은 기운이 나오니 열심히 해야 한다"고 하신 말씀을 어기지 않기 위해 나는 아침마다 병원 청소를 한 뒤 1시간씩 『금강경』을 독송했다. 직원들이나 환자가 없으면 오히려 더 열심히 독송을 했다. 독송을 하건, 하지 않건 환자를 정성껏 대하는 이곳이 바로 부처님을 만나는 곳임을 참으로 실감하게 된 것이다.

나는 을지로 병원시절부터 원장실을 법당처럼 꾸미고 참선을 하기 위해 의자 대신 방석을 놓고 지냈다. 그 방석은 계룡대 이치영 군승법사님께서 고맙게도 내게 선물로 주신 것이다. 다만 색깔이 너무 불그스름해서 커버만 바꾸어 사용했다. 젊은 간호사들은 내가 방석 위에 앉아 참선하려는 모습을 보고는 "원장님 참 희한하시다"며 웃곤 했다. 참선을 통해 몸속의 나쁜 마음과 생각을 버리고, 긍정적이고 자비로운 마음을 생성시키고 일을 하면 하루 일과와 모든 일에 어려움이 없었다.

  그리고 나는 한복을 즐겨 입었다. 추석이나 설 등 명절 때는 물론 출퇴근을 할 때도 마찬가지였다. 특히 법당에 가서 참선을 하고 108배를 할 때는 한복이 참 편한 의상이다. 양복을 입고 절을 하면 옷이 망가지는 것이 문제가 아니라, 호흡을 하기 힘들어지기 때문이다.

  나는 스님과 책을 통해서 기수련도 배워 실천하고 있는데, 기수련을 하면 몸의 혈(血)이 원만하게 돌아가 몸이 무척 가벼워진다. 이는 수승화강(水昇火降)의 원리 때문이다. 수승화강이란 신장의 맑은 수기(水氣)는 상승시키고 심장의 탁한 화기(火氣)는 하강시키는 것을 말한다. 그렇게 되면 물기운과 불기운이 더욱 활발하게 움직여 기맥의 소통을 돕는다. 기맥이 잘 소통되면 혈액순환도 잘 되어 몸과 마음이 가벼워진다. 이렇게 마음이 고요한 호수처럼 평온하면 지혜가 샘솟게 된다. 또한 자비의 마음이 저절로 우러나오고 법문도 자연스럽게 입을 통해 나오게 된다.

| 성공인생 마음공부 24 |

껍데기로 하는 수행은 하나마나

마음공부는 시간을 정해놓고 하는 것이 아니라 언제나 하는 것이어야 한다. 선근(善根)을 심어서 세월이 지나도 물들지 않도록 해야 한다. 그냥 중생살이로 살면 아무리 절에 열심히 다녀도 가피를 입지 않는다. 절에 다닌다고 풍파가 안 오는 건 아니다. 자기도 모르게 번뇌가 들끓으면 악순환만 되풀이 된다.

우리 대부분 말만 불자이지 참된 불자로 살지 못하고 있다. 껍데기로만 하는 불법수행은 하나마나이다. 나이가 들어 늙고 병이 들어서야 불법을 수행하려 한다면 업력은 피할 수 없다. 힘과 열정이 있는 젊은 시절부터 수행과 마음공부를 게을리 하지 말아야 하는 이유다.

그리고 무슨 일이 있어도 불자의 삶은 욕심 내지 말고 항상 주변 사람, 나아가 모든 이와 공덕을 함께 나누는 '회향'으로 마무리 되어야 한다. 매순간 회향하는 삶을 산다면 살아서도 잘 살게 될 뿐만 아니라 부인이나 자식, 후손에게도 길이 공덕이 될 것임은 말할 필요도 없다.

남에게 보여주는 수행이 아닌, 자신만의 진실한 수행을 하기 위해서는 늘 자기를 돌아보는 삶이 되어야 한다. 그래서 마음공부 하는 사람은 혼자 있을 때 더욱 조심하고 마음을 챙겨야 한다고 했다.

『중용(中庸)』은 홀로 있을 때의 마음공부에 대해 이런 가르침을 남기고 있다.

"도라는 것은 잠시도 떠날 수 없는 것이니, 떠날 수 있다면 도가 아니다(道也者 不可須臾離也 可離非道也) 그러므로 군자는 보이지 않는 바를 조심하고 삼가며, 들리지 않는 곳을 두려워하는 것이다(是故 君子 戒愼乎其所不睹 恐懼乎其所不聞). 숨겨진 것보다 더 잘 드러나는 것은 없으며, 작은 것 보다 더 잘 나타나는 것은 없다. 그러므로 군자는 홀로 있을 때 삼가는 것이다(莫見乎隱 莫顯乎微 故君子愼其獨也)."

마음공부는 잠시도 중단할 수 없는 것이기에 남들이 보건 말건 마음을 챙겨야 하며, 오히려 홀로 있을 때 더욱 자신을 속이지 않고 삼가야 한다는 것이다. 이것이 어찌 수행에만 해당되는 말이겠는가. 일상생활 속에서, 그리고 인간관계 속에서 우리는 남을 의식한 위선적인, 이중적인 삶보다는 철저히 자기 스스로에게 진실한 삶을 살다보면 마침내 모든 사람들에게 신뢰받는 사람이 되어 있을 것이다. '홀로 있을 때 삼간다'는 신독(愼獨)은 수행의 요체이자 삶의 격언이기에 깊이 사유해서 실천할 필요가 있다고 생각한다.

환자에겐 좋은 병원, 가족에겐 좋은 집을

을지로 치과병원은 20평 규모의 작은 의원이었지만 월세와 전기세, 난방비 등 경비가 한 달에 300만원은 지출되었다. 간호사들 월급을 주는 것도 적지 않은 부담이었다. 그래서 '이럴 바에는 아예 상가를 사는 게 좋겠다. 그리고 집도 사야겠다'는 생각으로 열심히 병원 사업을 해서 조금씩 돈을 모았다. 을지로 개업 당시 우리 가족은 목동에서 은행대출을 받아 아파트 전세를 얻어 살고 있었는데, 1년이 지난 뒤 좀 더 넓은 아파트를 살 수 있었다.

바퀴벌레가 돌아다니는 15평짜리 군 관사에서의 7년간의 생활, 그것도 서울과 지방으로 옮겨 다니며 삶의 거처를 바꿔야 했던 불편한 생활, 지하 전세방에서 추위에 떨며 옹색하게 살던 시절에 안녕을 고하고 나는 마침내 전역 1년 후 번듯한 아파트를 사게 된 것이다. 군의관 시절, 친구들의 생활수준과 우리의 처지를 비교하며 불만을 토로했던 아내에게도 '나는 준비하고 있으니 조금 기다려 달라'는 약속을 지킬 수 있게 됐다.

집을 마련한 이후, 다음 문제는 상가를 확보하는 일이었다. 좋은 자리가 없을까 하고 고민하던 터에 나는 아주 마음에 드는 상가를 발견하게 됐다. 병원을 오가며 보던 목동에 위치한 41타워 건물 1층에 15평짜리 상가가 있었는데, 나는 그곳으로 마음을 정했다. 치과병원 이름은 건물 이름을 따 '현대타워 치과'로 했다.

그렇게 나는 3년간의 '을지로 시대'를 마감하고 2002년부터 목동의 치과병원 생활을 시작하게 된다. 당시 목동은 교통, 상권, 학군이 한창 상승세를 타고 있던 곳이라 집값도 껑충 올랐다. 부동산 투자보다는 안락하고 편안한 곳으로 살고 싶었을 뿐인데, 집값까지 오르니 기분이 좋았다.

그런데 마침, 집 인근에 모 대기업에서 주상복합 아파트를 한창 짓고 있었다. 나는 '현대타워 치과'를 개업하기 전 퇴근 후면 엘리베이터를 타고 현대 41타워 40층에 올라 서울 야경을 구경하고는 했다. 야경을 내려다볼 때마다 '이렇게 전망이 좋고 멋있을 수가!' 하며 감탄하곤 했다. 그러면서 '이런 높이의 아파트에 살면 얼마나 좋을까'라는 생각도 하게 되었다.

급기야 나는 사고를 치고 말았다. 주상복합 아파트로 다시 이사를 간 것이다. 어릴 적 남산에 올라 서울 시내를 내려다보면 가장 눈에 들어오는 것이 여의도 고층 빌딩이었는데, 그만한 높이의 아파트에 산다는 사실이 놀랍고 감격스러울 뿐이었다.

그러면서 지난 시절이 주마등처럼 떠올랐다. 김치밖에는 먹을 반찬이 없던 가난했던 유년시절, 부모님을 돕기 위해 무거운 쌀을 자전거에 싣고 언덕을 힘겹게 오르던 시절, 경제적인 어려움으로 가족들을 고생시킨 군의관 시절…….

모든 게 꿈만 같았다. 어렵고 힘든 기억들, 기쁘고 즐거웠던 기억도 영화의 스크린처럼 흘러지나가는 것이 마치 환상 같았다. 인생이란 역시, 한 편의 각본 없는 드라마이자 영화가 아닌가 하는 생각이 확실하게 들었다. 일체가 꿈 아닌 것이 없었다. "일체가 꿈인 줄 알면 떠나게 되고, 벗어날 수 있다면 깨달음이다"란 『원각경』의 법문이 머릿속을 맴돌았다.

| 성공인생 마음공부 25 |

행복의 파랑새는 '지금 여기'에 있다

보통 사람들은 행복을 마음 밖에서 찾고, 수행자는 깨달음을 마음 안에서만 찾는다. 하지만 행복이나 깨달음을 밖이나 안에서만 찾는다면 영원히 찾을 수 없을 것이다. 그래서 옛 조사스님들은 이를 두고 "물속에서 물을 찾는다", "소를 타고 소를 찾는다"고 설했다. 행복과 깨달음은 지금 바로 눈앞에 있건만 우리가 보지 못하고 밖이나 안에서 찾을뿐이라는 가르침이다.

우리는 불도(佛道)의 한 가운데 있으면서도 이를 깨닫지 못하고 여전히 딴 곳에서 찾고 있는 것이 현실이다. 부인과 자식, 부모와 형제자매 등 가까이 있는 사람들에게 잘 하는 것이 바로 행복을 찾는 일인 동시에 도를 닦는 일임을 모르고서 말이다.

『금강경』에서는 "과거의 마음도, 미래의 마음도, 현재의 마음도 얻을 수 없다(過去心不可得 現在心不可得 未來心不可得)", "마땅히 머무는 바 없이 그 마음을 내라[應無所住 而生其心]"고 설하고 있다. 이는 깨달음이나 행복을 과거, 현재, 미래 그 어디에서도 찾으려 하지 말고 언제 어디서나 머물지 않고, 고정관념에 매이지 않고, 집착하지 않고, 분별·망상하지 않는 무주(無住)의 텅빈 마음으로 살라는 법문인 것이다.

행복은 오랜 노력을 기울여 얻어지는 것이 아니라, 지금 이 순간 부족하면 부족한대로, 넉넉하면 넉넉한대로 있는 그대로의 삶을 '여실하게 바라보면서[如實知見]' 감사하게 사는 마음에 있다. 매 순간 있는 그대로의 사람과 삶을 소중히 생각하고 동체대비(同體大悲)의 마음으로 충만한 삶을 살아간다면, 어느새 행복의 파랑새가 내 안에 있음을 확신하는 때가 올 것이다.

물질은 풍족, 마음은 허무

그러고 보면 나는 참 운이 좋은 사람이라는 생각도 있었지만, 모든 것이 부처님의 도움으로 이루어진 것이라 믿었다. 그래서 매일같이 감사하는 마음으로 살았다. 하지만 내가 불교 공부를 더 열심히 해야 하는데, 너무 재물만 쫓는 게 아닌가 하는 반성의 마음이 솟구치기도 했다. 집 인근에 있는 목동 법안정사란 법당을 다니며 이러한 고민은 더욱더 깊어졌다.

물질적인 풍족감은 오래 가지 못했다. 넓고 전망 좋은 집에 사는 나였지만 항상 마음 한 구석이 허무했다. 세상은 점점 상업적으로 변하고 15평 치과병원에서 환자들 치료하는 일만 하려니 답답한 마음이 들었다. 마음 한 구석에 불교 수행에 대한 마음은 점점 커져만 갔다. 하지만 내 주위에는 절에 다니는 사람이 없어서 더욱 외로웠다. 혼자서 참선을 하고 책을 읽으며 공부를 했지만 양에 차지 않았다. 보다 큰 스승과 도량을 접하고 싶은 마음이 간절하게 일어났다.

치과병원 운영도 그런대로 잘 되고 집도 샀지만, 그렇게 '불법 공부'에 대한 열망은 날로 커져갔다. 보다 진실된 삶은 무엇이며, 어떻게 살아야 하는지에 대해 돌아보는 시간들도 많아졌다. 그래서 더욱 스승과 도반을 만나고 싶었다. 그러나 쉽사리 해결책이 주어지지 않았다. 어느 날 나는 아내와 이런 대화를 했다.

"우리 시골로 이사 가서 조그만 법당이라도 다니며 불교 공부를 하면 어떨까? 마음수양도 쌓고……. 나는 치과의원을 하고 당신은 약국을 하는 거지"라고 말하자, 아내는 "좋은 생각이에요. 하지만 아이들이 괜찮을지……." 하며 말을 잇지 못했다.

불법 공부를 제대로 하려면 절에 가서 살아야 하는데, 식솔이 없다면 모를까 아내와 두 명의 자식들이 있는 상황에서 무책임하게 나 혼자 불법을 닦겠다며 고생을 시킬 수는 없는 노릇이었다. 그래서 생각하게 된 것이 사회생활과 불법공부를 동시에 할 수 있는 장소를 찾는 것, '어느 곳에서 내가 정착해야 하는가?' 하는 고민이 화두(話頭) 아닌 화두가 되었다.

개인적인 수행과 더불어 나는 사회에 보다 좋은 일을 많이 해야겠다고 마음먹었다. 나만 잘 먹고 잘 사는데 연연하지 말자. 전문의라는 자격이 있는 내가 자신만 생각한다는 건 소인배나 다름없다는 생각이 들었다. 사람답게 살려면 남을 돕고 베풀어야 한다는 부처님 말씀을 실천으로 옮겨야 한다는 내면의 목소리가 나를 초조하게 했다. 어쩌면 '위로 깨달음을 구하고 아래로 중생을 교화하는 것' 이 불교 수행의 처음과 끝이었기에, 당연한 귀결이었을 것이다. 그만큼 나의 불교공부가 제대로 진행되고 있으며, 깊어진다는 반증이었는지도 모른다. 물질적인 욕구를 어느 정도 충족하고 그 허망함을 알게 되면 정신적인 충만을 찾게 되는 것이 역사상 무수한 위인들의 삶의 궤적이 아니었을까 하는 돌아봄도 있었던 것 같다.

| 성공인생 마음공부 26 |

일상 속에서 지혜를 닦고 공덕 쌓아야

항공기, 자동차, 의료, 선박 등 여러 가지 사고로 수없이 많은 생명들이 끊임없이 희생을 당하고 있다. 불교적으로는 그러한 불행이 전생이나 현생의 인연업보로 인한 인과론으로 보지만, 평소 지혜와 선정을 닦은 사람은 이러한 불행이 닥치더라도 피해를 최소화할 수 있다. 평소 정신적인 훈련을 하게 되면 고도의 주의집중력이 생겨나서 이러한 사고를 미연에 방지하거나 덜 다치게 된다. 늘 깨어있는 마음의 평온 속에서 언제 어떤 상황에서도 올바른 판단력을 유지할 수 있기 때문이다.

평소 명상을 생활화한다는 것은 현생과 전생의 잘못된 습관과 업을 맑히는 일이기에 불가피한 과보조차 강도가 약하게 맞이할 수 있다. 물론, 전생과 현생에 지은 악업에 대한 과보를 약화시키기 위해서는 철저한 참회가 전제되어야 한다. 그리고 늘 깨어있는 삶 속에서 무주상(無住相)보시를 생활화해 공덕을 쌓아야 한다. 무주상보시란 내가 누군가에게 정신적, 물질적으로 도움을 주었어도 남을 도왔다는 티를 내지도 않고 댓가를 바라거나 생각에 담아두지도 않는 것을 말한다. 이러한 생활이 익어지면 지혜와 공덕이 두 수레바퀴가 되어 빨리 업습을 제거하고 맑고 밝게 행복한 생활을 영위하게 된다.

따라서 명상은 먹고 마시고 자고 노는 것과 마찬가지로 우리 삶의 일부분이어야 한다. 자기도 모르게 지혜를 닦고 공덕을 많이 쌓은 사람은 현생에서는 몸과 마음이 평안하고, 내생에서는 삼악도(三惡道)를 벗어나게 된다. 늘 자기의 허물을 돌아보고 선행을 베푸는 삶, 이것이 가장 기본적인 수행이자 최고의 보살도임을 기억해야 한다.

중국의 백낙천 거사가 조과도림 선사를 친견하고 "불도(佛道)의 대의(大義)가 무엇인가요?"라고 물었을 때, 도림 선사는 "모든 악한 일을 하지 말고 선한 행위를 본받아서 실천하라[諸惡莫作 衆善奉行]"고 하였다. 백낙천 거사는 어이가 없다는 표정으로 이렇게 대답했다. "그건 일곱 살 어린아이도 아는 말입니다." 그러자 도림 선사는 "일곱 살 어린아이도 알지만 80세 어르신도 제대로 실천하지 못한다네"라고 일깨운 바 있다.

이처럼 알면서도 실천하지 못하는 것이 우리 중생이다. 결국 올바른 가르침을 실천하는 것이 참된 지혜를 계발하는 수행이며 참된 자기를 발견하는 길이 아닐 수 없다. 실천하지 않고 머리에만 쌓아두는 명언과 가르침은 오히려 정신만 혼탁하게 하는 번뇌에 불과하다.

부처님을 가까이 할 장소는 어디인가?

2005년 4월 16일. 신문 광고를 우연히 보고 나는 마치 부처님을 직접 뵌 것처럼, 온 몸이 전율하는 느낌을 받았다. 서울 종로구 견지동에 소재한 조계사 부근에 상가를 분양한다는 내용이었는데, 이곳이 나의 화두를 해결해 줄 최상의 장소라는 생각이 든 것이다. 스승, 선지식과 함께 수행의 3대 조건인 도량(수행 장소)이 드디어 나타났다는 예감이 강하게 든 것이다.

나는 바로 택시를 타고 상가 모델하우스로 쏜살같이 달려갔다. 모델하우스 직원에게 상담을 했더니 워낙 자리가 좋아 금세 웬만한 사무실은 분양이 끝나고, 3층에 40평짜리가 남아 있다고 했다. 그런데 그곳은 다른 사람이 마음에 든다며 다시 오겠다고 했다고 했다. 그래서 무작정 "나는 이 자리에서 꼭 치과병원을 해야 합니다" 하고 소리 높여 간청했고, 바로 그날 계약했다. 그때부터 나는 2008년 7월 7일 병원을 이전하기까지 3년 남짓 행복한 기대감을 안고 살 수 있었다.

그리고 매 주말마다 조계사를 찾아 법회에 참석하고 참선을 했다. 내가 마음을 다스리고 부처님과 가까이 할 수 있는 방법은 그것이 최선이었다. 조계사는 한국 불교와 그 대표종파인 조계종의 제1교구이며, 불교 1번지라서 전국의 큰스님들이 자주 오셔서 설법하는 대표적인 도량이다. 나는 그러한 조계사를 다니면서 지혜로운 삶을 살기 위해 마음을 다스리며 부처님의 자비를 더욱 실감할 수 있었다.

불교 수행을 통해 나는 인간다운 삶, 나와 남이 모두 행복한 제대로 된 삶을 살고 싶었다. 비록 중생의 몸과 마음이지만, 부처님의 자비와 가피를 받아 이 정도로 성장한 만큼 더욱 남을 위해 정진해야겠다는 다짐을 했다. 그래서 쓸데없이 돈을 낭비하거나 시간을 허비하지 않고 하루하루를 충실하게 살려고 다짐했고, 그 발심이 나태해지지 않도록 마음을 다잡아가며 노력해 왔다. 치과의원에 대한 투자, 가족들의 생활을 위해서 쓰는 것 외에 불필요한 지출은 하지 않는 것이 내 신념이었다.

지하철 출퇴근, 한 달 용돈 10만원

원래 나는 술을 못 먹는 체질이었고 지금은 술을 아예 입에 대지 않는다. 왜냐하면 불필요한 에너지 낭비라는 생각 때문이다. 수련의 과정 때는 위계질서가 강한 시절이라, 선배나 교수님들이 주는 폭탄주를 안 받을 수 없었다. 하지만 술을 먹고 나서는 화장실에 가서 토하면서 '사회에 나가 어느 정도 위치가 되면 술을 먹지 않겠다'고 결심했다.

나는 운전은 할 줄 알지만 차가 없다. 출퇴근은 오목교역에서 광화문역까지 전철을 이용한다. 목욕은 근 10년 간 집에서만 하다가 1년 전부터 한 달에 한 번 목욕탕에 가고 있다. 이발도 한 달에 한 번 꼴로 하니 돈을 쓰는 일이 많지 않다. 한 달 용돈이 10만원 남짓 정도라고 하면 보통 직장인들은 놀라워할 것이다.

남들은 의사라고 하면 골프도 치고 여행도 다니고, 사람들과 고급 와인 바에서 술도 즐기리라 생각하겠지만, 나의 삶은 그러한 생활과는 거리가 멀다. 1991년 결혼할 때부터 입었던 양복을 2008년에 버렸을 정도로 겉모습에 신경을 쓰지 않는 편이다. 그 양복은 하도 오래 입어 실밥이 뜯어지고 어깨의 뽕이 터졌기에 어쩔 수 없이 버린 것이다. 양복은 봄, 여름, 가을, 겨울 등 4계절에 맞는 네 벌이 전부이며 운동화와 등산화는 군의관 시절 때 신던 것을 아직도 쓰고 있다.

난 스스로를 서민이라고 생각하기 때문에 요즘도 전철을 타고 다닌다. 지하철로 출퇴근하는 것은 나의 수행에도 큰 도움이 된다. 지하철 안에는 남녀노소 다양한 사람들이 있다. 옷차림도 다르고 얼굴표정도 각기 다르다. 부랑자도 있고 거지도 있고, 정신이 나가 횡설수설하는 사람도 있다. 희로애락을 간직한 다양한 사람들의 모습을 보면서 사람 사는 냄새를 느끼기도 하고, 나보다 어려운 사람들을 보면서는 '내가 참으로 감사한 삶을 살고 있구나' 하는 생각을 하게 된다.

그러면서 어렵고 힘든 사람들을 위해 무엇인가를 나눠야 한다는 발원을 하게 된다. 나는 사지도 멀쩡하고, 가난과 고난의 세월을 대나무처럼 견디며 성장해 왔고, 이제는 의사로서 환자를 진료하는 보람된 일을 하고 있기 때문이다. 그래서 항상 출퇴근을 할 때마다 오늘도 하심하며 환자들을 대하고 봉사하는 마음으로 살아야겠다는 다짐을 하게 된다.

| 성공인생 마음공부 27 |

작은 일도 제때 해야 큰 일을 성취한다

"어리석은 농부가 있었다. 그는 매일매일 소젖을 짜는 것이 싫어졌다. 매일 소젖을 짜보았자 얼마 되지 않으니, 이 다음 잔치 날 한꺼번에 많은 젖을 짜야겠다고 생각했기 때문이다. 그런데 막상 잔칫날 우유가 필요해서 소젖을 짜니 한 방울도 나오지 않았다."
『백유경』에 나오는 이야기다. 이 이야기를 보면서 많은 사람들이 어처구니 없다고 생각하겠지만, 이 어리석은 농부처럼 사는 사람들이 현대인들이 아닌가 생각된다.

어떤 사람들은 나중에 돈을 모아 큰 일을 하겠다고 말하면서 꽤나 인색하게 살아간다. 직장에서나 형제 사이에서나 인색하기 그지 없으면서 마음만은 그렇지 않다고 말한다. 그러나 재산을 모아 베풀 수 있는 시절은 영영 오지 않는 경우가 많다. 재산을 모으기 전에 도둑에게 빼앗기거나, 갑자기 목숨을 잃어서 베풀 기회가 사라지기도 한다. 심지어는, 재산을 많이 모았으면서도 아직도 많이 모으지 못했다고 생각하기 때문에 재벌이 될 때까지 인색한 사람도 있을 것이다. 따라서 큰 일을 하겠다고 벼르기만 하는 것보다는 작은 일이지만 그때그때 남을 위해 할 수 있는 일을 기꺼이 해내는 사람이 훨씬 많은 것을 베풀며 사는 사람이다. 작은 베풂일지라도 늘 실천하는 사람은 언제나 부처님과 함께 사는 사람이라 할 수 있다. 인색한 마음으로는 부처님을 볼 수 없고 오직 자비로운 마음, 아낌없이 베푸는 실천을 통해서만 부처님을 만날 수 있고, 스스로 부처님이 될 기약이 있을 것이다.

'시작이 반이다', '천리 길도 한 걸음부터' 라고 했다. 매순간 작은 실천이 마침내 거룩한 인격을 만든다. 사소한 것 같지만 쉼없는 노력이 습관으로 굳어지면 큰 원력을 발할 수 있다. 부처님께서도 500생이나 나고 죽으면서 보살행을 함으로써 거룩한 부처님이 되지 않았던가. 끊임없이 정진하다 보면, 어느새 '마음과 부처와 중생이 아무런 차별이 없다[心·佛及衆生是三無差別]'는 『화엄경』의 도리를 깨닫게 되는 날이 올 것이다.

"나는 참 감사한 삶 살고 있구나"

특히, 지하철을 타고 오가며 핸드북 크기로 만들어진 경전을 읽고 암송하는 것도 나에겐 큰 행복이다. 자주 접하는 경전이지만 생활 속에서 문득문득 부딪치는 어려운 경계에서는 경전의 한 구절 한 구절이 소중한 때가 한두 번이 아니다. 때로 화가 날 때나, 욕심이 날 때, 성을 내지 않고 평정심을 유지하거나 지나친 탐욕을 절제할 때는 경전의 한 구절이 내게는 더없이 거룩한 선지식이 된다.

경전 한 구절도 깊이 음미하고 생활에 응용하다 보면, 그전에는 모르던 숨은 뜻을 이해할 때도 있다. 경전을 수시로 받아지녀 외우고 독송하는 기쁨과 그 공덕은 해본 사람만이 느낄 수 있을 것이다. 남들이 생각하는 거창한 행복 보다는 불법의 인연을 만나 언제 어디서나 경전을 공부할 수 있다는 사실에 무한한 감사를 느낀다.

전철을 이용하는 사람들, 병원에 찾아온 환자 들을 보며 나는 때때로 다음과 같은 『반야심경』에 나온 부처님 말씀을 떠올린다.

"범소유상 개시허망 약견제상비상 즉견여래(凡所有相 皆是虛妄 若見諸相非相 卽見如來)."

이는 모든 보이는 형상이 있는 것은 허망한 것이니, 만약 모든 형상을 형상이 아닌 것으로 꿰뚫어 본다면, 그것이 여래를 참으로 보는 것이라는 말씀이다.

환자들의 치과진료를 하다보면 나는 각 환자들이 어떻게 살아온 사람인지를 알 수 있다. 삶에 역경이 많거나 가난하고, 걱정과 근심이 많은 사람들은 이(齒)나 잇몸상태가 좋지 않다. 마음이나 경제적인 여유가 있어야 치료도 하고 관리도 하는데, 여유 없이 팍팍한 삶을 산 사람들은 충치가 많거나 이가 빠져 있거나 잇몸이 부어 있다. 먹고 살기가 어려워 칫솔질조차 제대로 하지 않은 것이다.

구강상태가 좋지 않는 환자들은 보통 신경이 예민하고 정서적으로 불안하다. 그 이유는 어렵게 살아온 자신에 대한 실망감도 있고, 치료비용도 부담이 되기 때문이다. 그래서 나는 구강상태가 좋지 않는 사람들한테는 말을 조심스럽게 건넨다. 또한 치아 상태에 대한 설명을 가급적이면 많이 해주며, "잘 관리하시면 더 나빠지지 않을 겁니다" 하며 마음을 다스려 준다. 그리고 사람의 형편을 봐가며 치료비도 낮게 조정해주는데, 이는 내가 할 수 있는 작은 보시(布施)라고 생각한다.

| 성공인생 마음공부 28 |

작은 은혜에도 감사하는 삶이 풍요롭다

사람은 누구나 남의 은혜를 입고 살아간다. 그러하기에 조그마한 은혜라도 고마워할 줄 아는 것이 인간의 도리이다. 속담에 "개도 닷새가 되면 주인을 안다"고 했다. 즉, 개도 은혜를 베푼 사람을 알아보는데, 어찌 사람이 은혜를 모르냐는 뜻이다. 그러나 사람들 가운데는 짐승보다 못할 정도로 자기가 입은 은혜를 잊어버리는 사람이 허다하다. 안타깝게도 늘 남에게 신세를 지거나 덕을 입고 지내는 사람일수록 고마워할 줄 모르는 사람이 많다. 가장 많이 감사해야 할 사람이 그것을 모르니 답답할 노릇이다.

은혜를 입으면 입을수록 더 고마워해야 함은 물론, 더 신세지지 않으려고 노력해야 함이 당연하다. 그렇지 않을 경우, 은혜가 빚이 되고 악업으로 변해 곤경에 빠져 헤어나오기 조차 어려울 때가 올 수도 있다. 어떤 사람은 은혜를 모르는 것은 물론이요 남에게 받고서도 그 은덕을 모르고 도리어 그 사람을 나무라고 원망하기도 한다. 심지어 미친 개가 주인을 물듯이, 딱따구리가 나무에 살면서도 결국은 나무를 죽이듯이 은인을 모르고 행패를 부린다든가, 자신이 입은 은덕을 원수로 갚는 배은망덕한 못난 사람이 되기도 한다.

은혜를 베풀고는 결코 기억하지 않는 것이 좋고, 은혜를 받으면 그것을 결코 잊지 않아야 한다. 율곡 이이(栗谷 李珥) 선생은 "은혜를 받을 줄만 알고 그것을 보답할 줄 모르면 가치 없는 사람이다. 대저 군자(君子)의 도리는 남이 나를 배반할지언정 내가 남을 배반하지 말아야 한다"고 했다. 『소학(小學)』에서는 "부모의 낳은 은혜 갚기를 죽음으로 대하고 남에게 받은 은혜 갚기를 힘껏 다함이 사람의 도리이다" 라고도 했다.

부처님께서는 은혜를 배반하는 배은(背恩)의 큰 죄를 이렇게 말씀하시기도 했다.

"만일 중생이 인간으로 태어나 부모에게 효도하지 않고, 사문과 바라문을 존경할 줄 모르며, 진실하고 미덥게 행하지 않고, 복업을 짓지 않으며, 후세의 죄를 두려워하지 않으면 그는 이것으로 인연하여 몸이 무너지고 목숨이 끝난 뒤에는 지옥에 나게 된다."

은혜를 보답할 줄 아는 사람은 더욱 많이 은혜를 입게 될 것이다. 그 성격이 곧고 선량하기 때문이다. 은혜를 받고 싶으면 언제나 감사한 마음으로 생활해야 한다. 매사에 감사하는 생활은 은혜를 아는 생활이기도 하다.

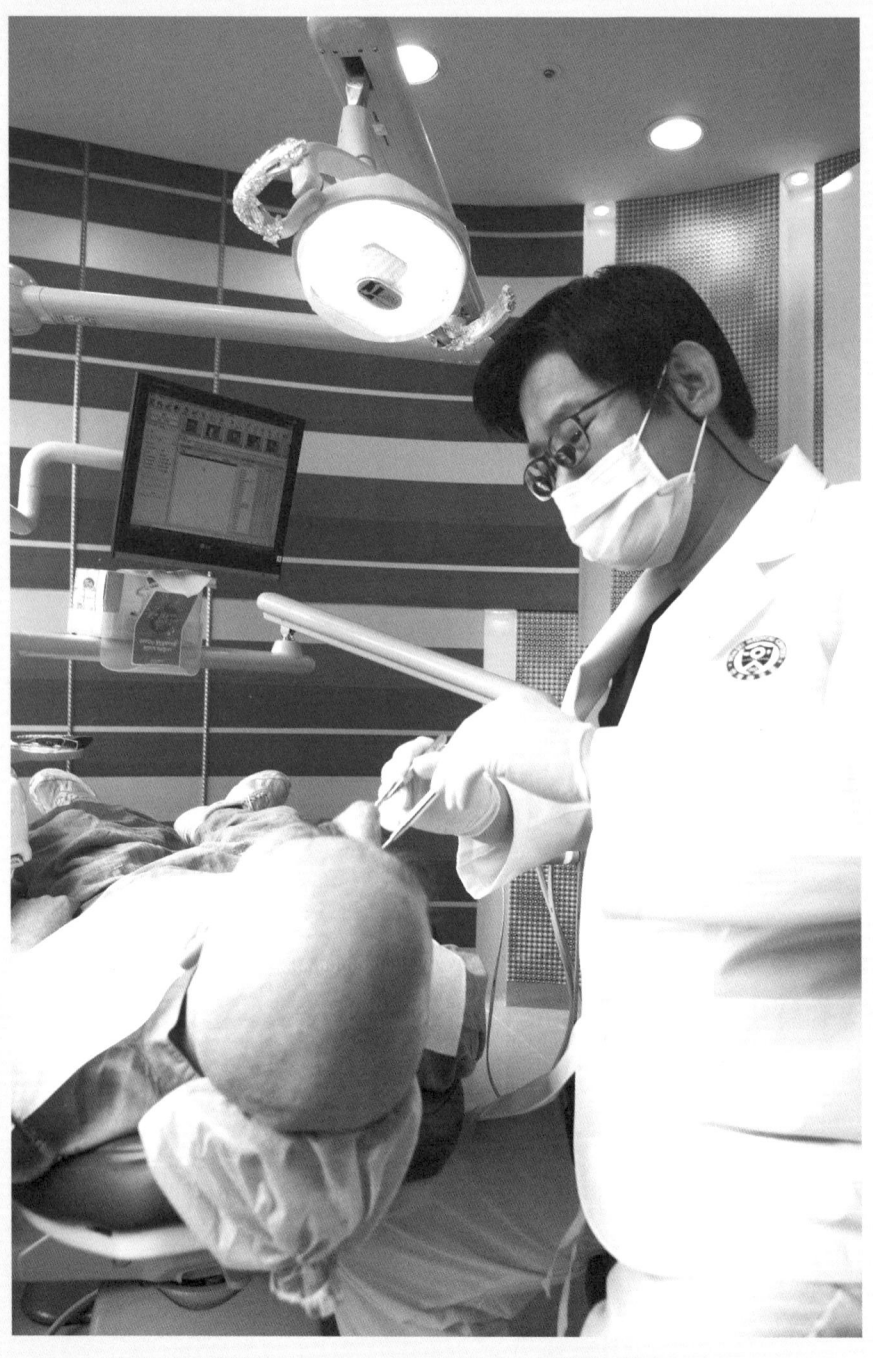

07

일곱 번째 이야기

잘 살 원인을 짓는 공덕 쌓기

2008년 7월, 마침내 나는 조계사에서 불과 50m 거리에 있는 현재의 아파트 상가에 입주했다. 먼저 궁플란트 치과의 인테리어와 이름(상호)에 대해 얘기하고 싶다. 우리 치과에 오는 사람들은 병원 인테리어를 보고 저마다 한마디씩 한다. "호텔처럼 고급스럽고 우아하다", "치과 병원 같지가 않다", "동양미와 서양미가 균형 있게 혼합돼 있다", "왕의 대접을 받는 것처럼 기분이 좋다" 등등 칭찬 일색이다.

일곱 번째 이야기

잘 살 원인을 짓는 공덕 쌓기

2008년 7월, 마침내 나는 조계사에서 불과 50m 거리에 있는 현재의 아파트 상가에 입주했다. 먼저 궁플란트치과의 인테리어와 이름(상호)에 대해 얘기하고 싶다.

우리 치과에 오는 사람들은 병원 인테리어를 보고 저마다 한 마디씩 한다. "호텔처럼 고급스럽고 우아하다", "치과 병원 같지가 않다", "동양미와 서양미가 균형 있게 혼합돼 있다", "왕의 대접을 받는 것처럼 기분이 좋다" 등등 칭찬 일색이다.

"병원에 오니 왕 대접 받는 것 같아요"

나는 불교 공부를 하는 입장에서 조계사 인근으로 오면 병원을 전혀 새로운 분위기로 바꾸고 싶었다. 20평 규모의 을지로 명보치과 시절엔 인테리어는 고사하고 낙후된 건물로 인한 지저분한 환경에서 환자들이 진료를 받아야 했고, 목동에서도 15평의 비좁은 병원을 환자들이 이용해야 했다는 점이 항상 마음에 걸렸다. 그래서 현재의 궁플란트 분양 계약을 할 때부터 줄곧 '환자들에게 그동안 못해주었던 서비스를 해드리자'는 생각을 해왔던 터였다.

나는 환자들이 대우와 존중을 받고 있다는 느낌, 즐거운 마음을 가질 수 있는 최첨단 병원을 만들고 싶었다. 그래서 장비와 시설도 물방울레이저(부드러운 물방울에 따뜻한 레이저 빛을 담아 초음속으로 가속된 물방울의 인체친화적인 힘으로 다양한 환부를 통증이 적고 편안하게 치료하는 의료기기), 3차원 입체 디지털 CT 단층 촬영기 등 최첨단 진료 시설을 갖추었고 인테리어도 많은 돈을 들여 우아하게 만들었다.

내가 직접 지은 '궁플란트'란 병원 이름 역시 고객을 위한 배려심이 들어 있다. 주말마다 조계사에 와서 예불을 드린 후 인사동과 종로 일대를 둘러보며 느낀 점이 있었다. 서울에는 경복궁, 창덕궁, 덕

수궁, 창경궁, 경희궁 등 궁이 참 많았기에, '궁(宮)'이란 글자가 들어가는 이름을 쓰고 싶었다. 그리고 내가 구강안악면외과 전문의다 보니 사람들에게 낯익은 '임플란트'란 이미지를 부각시키면 좋겠다고 생각해 '궁플란트 치과'로 지은 것이다.

또한 나름대로 병원을 이전하기 전에 마케팅(marketing) 관련 서적을 탐독하고 공부하며 고민한 것도 이러한 이름을 짓게 된 배경이었다. 인테리어는 '궁임플란트 치과'의 이름에 맞게 고급스러우면서도 환자들을 귀한 존재로 부각시키는 콘셉트로 제작한 것이다.

한편으로는 '고급스러운 인테리어 이미지가 환자들에게 너무 비싸게 보이지는 않을까?' 하는 걱정이 들기도 했다. 하지만 개업 후에는 주변을 쫓아다니며 "환자를 존중하고 잘 모시기 위해 인테리어를 고급스럽게 했을 뿐, 환자들의 귀중한 돈을 뽑아내기 위해서가 아니다"는 점을 적극적으로 홍보했다.

나는 병원 일 관계로 손님들을 만날 때마다 온화한 미소와 평안한 얼굴로 격의 없이 대한다. 그럴 때마다 그분들은 나의 진심을 알아보고 비즈니스가 아닌 인간 대 인간으로 신뢰감을 갖고 대해주었다. 부처님께서 따뜻한 말, 아름다운 미소로 모든 사람을 부처님처럼 공경하라 하셨듯이 사람에 대한 태도는 인간관계에 있어서 가장 중요한 처세술이 아닐 수 없다. 그래서 사람을 대할 때는 온화한 표정이 매우 중요하다.

 웃는 얼굴로 기분 좋게 대하면 인간관계의 절반은 성공이라 할 수 있다. 늘 하심하며 성실하게 사는 사람은 처세술을 따로 배우지 않더라도 훌륭한 인간관계를 맺을 수 있음을 배우고 있다.

| 성공인생 마음공부 29 |

'만사형통'을 선사하는 미소와 겸손

"무기 중에 으뜸은 웃음이다" 라는 말도 있듯이, 웃으면 해결 안 되는 일이 드물다. 어떤 여행가는 "낯선 사람과 소통할 때 가장 좋은 방법은 웃음이다. 웃으면 어떤 인종이든 어떤 사건이든, 해결 안 되는 것이 없었다. 그래서 항상 웃으며 다니니 건강도 좋고 만사형통(萬事亨通)이 되었다"고 했다. 미국인인 어떤 웃음전문가는 "웃으니 어려운 일도 안 될 일도 없었다. 그래서 웃음을 전공하고 웃음의 전달자가 되었다"고 했다. "웃으면 복이 온다, 성공을 바라거든 웃는 연습부터 하라"고 하는 것도 이 때문이다.

웃음은 기쁨을 주고 행복까지 선사한다. 웃으면서 따스한 자비까지 베풀면 금상첨화다. 자비란 큰 사랑을 말한다. 크게 사랑하고 크게 가엾게 여기는 것이다. 남에게 동정심 많고 자애로운 것은 고결함의 상징이기도 하다. 부처님은 자비가 '당신 자신' 이라고 했으며, 자비를 떠나서 불법을 얻을 수 없다고 하셨다. 『법구경』에서는 "마치 어머니가 목숨을 걸고 외아들을 아끼듯이, 모든 살아 있는 것에 대해서 한량없는 자비심을 내라. 그런 자비로운 눈으로 중생을 본다면 복덩이가 바다와 같이 무량하리라"고 하셨던 것이다.

사람에 대한 자비로운 미소와 언어와 함께 대인관계에서 중요한 것은 항상 자기를 낮추고 겸손함을 잃지 않는 태도이다. 자신을 낮추되 스스로 비하(卑下)하지는 말고 공손한 태도로 남을 높이는 것이다. 세상이 변해 요새 사람들은 스스로 자기 선전도 하고 목이나 어깨에 힘도 주고 큰 소리 치는 사람을 좋게 보기도 한다. 하지만, 내심 사람은 누구나 겸손한 사람에게 마음이 끌리기 마련이다. 속담에도 "이삭은 잘 익을수록 고개를 숙인다", "물은 깊을수록 소리가 없다"고 하듯이 사람은 기본적으로 교만하지 않고 겸손해야 한다. 불교에서는 "겸허하게 스스로를 낮추어야 선신(善神)도 옹호하게 된다"는 말이 있을 정도다.

오만하고 기세가 등등한 사람은 큰 재목이 되지 못하고 어쩌다가

운이 트인다 해도 오래 갈 수 없다. 지혜로운 사람이라면 자신의 됨됨이를 줄이거나 복을 차버리는 일은 하지 않을 것이다. 겸허하게 자신을 비워야 가르침을 담을 수도 있고 좋은 일을 할 수 있는 기회도 주어지기 마련이다. 스스로를 낮추고 겸손한 것은 미덕(美德)의 아성이라 할 수 있다. 겸손을 배우려고 하지 않는 자는 아무 것도 배우지 못하고 쓸모없는 사람으로 변할 것이다.

부처님께서는 "마땅히 달처럼 부드럽게 살고, 늘 처음 승려가 된 이처럼 수줍어하고, 겸손하게 마음을 단속하며, 태도를 바르게 하며 익숙한 일도 조심스럽게 하라"고 하셨다. 막 출가한 새 색시처럼, 금방 사미계를 받은 스님처럼 살아간다면 누군들 좋아하고 믿고 따르지 않겠는가.

공자님께서는 "옛날 내 친구는 재능이 있으면서 재능이 없는 자에게 묻고, 지식이 있으면서 없는 자에게 물으며, 있어도 없는 듯이 하고, 차 있으면서도 빈 것처럼 보이며, 침해를 당하고서도 반항하지 않았다. 옛적 나의 친구는 일찍이 이 일에 종사했다"고 했다. 이러한 겸손이야말로 가장 인간적이고 기본적인 미덕이라 하겠다. 지극히 겸손한 마음은 이타심(利他心)과 다름이 없다. 남을 위한 이타행(利他行)을 통해서만 자신의 교만심과 아집을 떨쳐낼 수 있으며 또한 지혜와 행복을 얻게 된다는 것이 성현들의 한결같은 가르침이다.

스님들 치료 잘 해드려 수행을 돕자

조계사 인근에 병원을 개원하게 된 또 다른 목적은 내가 불자로서 스님들을 잘 모시자는 것이었다. 나는 재가 불자로서 스님들이 편하게 진료를 받도록 돕는 역할을 정말 잘 해 보고 싶었다. 그래서 스님들이 '견고한 불심을 가진 의사한테서 진료를 제대로 받았구나'라는 생각을 들게 하고 싶었다. 나아가 그분들이 다시 수행처로 가서 수행을 더욱 잘 하시도록 돕고 싶은 마음이었다.

스님과 같은 수행자는 일반적으로 잇몸이나 구강상태가 좋지 못하다. 참선이나 수행을 하다 보면 자신의 몸에 대해 특별히 신경을 쓰지 않기 때문이다. 특히 치아는 눈에 보이거나 당장 불편하지 않기 때문에 치료를 나중으로 미루게 된다. 더구나 산사(山寺)에 계신 스님들은 외진 곳에 있다 보니 치과병원을 찾아 나서기가 물리적으로 힘들다. 그래서 치아결손, 발치, 치주질환 등 다양한 질환을 겪기 마련이다.

나는 궁플란트 치과병원을 개업한 뒤 무턱대고 조계사를 찾아가 스스로를 드러내는 행동은 하고 싶지 않았다. 평범한 불자로서 일반 불자와 똑같이 법회에 참석하고, 불공을 드리면서 내 직업에 충실하고 싶었던 것이다. 다만 찾아오는 스님들을 진료하면서 조계사 근처로 병원을 옮기게 된 동기와 목표 등을 차근차근 설명해 드렸다. 즉 스승과 도반, 도량을 찾기 위해 이곳으로 오게 됐으며, 구체적인 행동으로 나의 진심을 보여주고 싶었다. 이와 더불어 불자로서 조계종을 비롯한 불교계를 돕는 활동을 하고 싶다는 말씀도 드렸다.

그러면 스님들은 고맙게도 "참 좋은 마음가짐이십니다" 하며 내 마음을 잘 이해해 주셨다. 더불어 나는 스님들과 진료를 매개로 정신적인 교류를 하면서 법거량(法擧揚)을 모색하는 시간도 가질 수 있었다. 선종에서는 인가(認可)를 중시 여긴다. 스승을 찾아가 자신의 공부, 즉 화두를 타파했는지를 검증 받는 것이다. 혼자서 도(道)를 깨달았다는 것은 성립되지 않기 때문이다. 이때의 방식은 주로 스승과 제자의 문답(問答) 형식으로 진행된다. 깨침을 얻었는지 아닌지를 파악하는 것이기 때문에 이를 법거량이라 한다. 법거량을 하려면 일정한 지적 수준에 있어야 하며 몸과 마음가짐 또한 중요하다.

나는 더욱 수행을 열심히 하여 적절한 시기가 되면 스님들과 적극적으로 만날 마음을 먹고 있었다. 그전에 스님들과의 우연한 만남은 불교에 대한 자연스러운 질문과 대답을 통해 평소의 의문점을 해소하는 계기가 되었다. 출가 수행자와의 만남은 세속인과는 다른 청정한 마음과 진중한 행동, 자비행을 통해 무언 중에도 많은 가르침을 받게 된다. 마치 향을 싼 종이에 향내가 나듯이, 수행자를 만나면 산사에서 느끼는 청량감을 느껴서 마음의 안정을 얻곤 한다.

| 성공인생 마음공부 30 |

가장 큰 공덕은 환자를 돌보는 것

아픈 사람을 간호한다는 것은 쉬운 일이 아니다. 요즘같이 인정이 메마른 시대에 병자를 돌본다는 것은 환자가 가족이거나 지극한 이타심을 가진 사람이 아니면 하기 어려운 일이 되고 말았다. 예로부터 환자를 돌보는 일은 자기를 희생해야 하는 힘든 일이기에 가장 큰 공덕이 된다고 여겨져 왔다. 부처님께서도 "환자를 돌보는 것이 곧 부처님을 돌보는 것과 같다"며 간병의 공덕을 지으라고 당부하셨다. 일체중생은 모두 장래의 부처님이기에, 일체중생을 가볍게 여기지 않고 존경하는 것은 부처님을 존경하는 것과 같기 때문이다.

『증일아함경』 '일입도품(一入道品)'에는 간병의 공덕을 찬탄하는 부처님의 법문이 자세히 기록되어 있다.

부처님이 사위국 기원정사에 계시던 어느 날, 부처님은 병든 사람을 보살피는 일이 얼마나 훌륭한 공덕인지에 대해 다음과 같이 설법하셨다.

"병자를 돌보는 것은 곧 나를 돌보는 것과 같고 병든 사람을 간호하는 것은 곧 나를 간호하는 것과 같다. 나는 지금 몸소 병자를 간호하고 싶기 때문이다. 수행자들이여, 나는 어떤 사람이 하는 보시 중에서 병자를 돌보고 간호하는 것보다 더 훌륭한 것을 보지 못했다.

이 병자를 돌보고 간호하는 보시를 행하여야 참다운 보시라고 할 수 있고, 큰 과보와 공덕을 얻을 수 있으며, 이 병자를 돌보고 간호하는 보시를 행하여야 좋은 이름이 두루 퍼지고 마침내 감로의 법을 얻을 수 있다. 여래나 아라한과 같이 바르게 깨달은 이는 다 이 공덕을 지었기 때문이니라.

그러므로 모든 보시 가운데 병자를 돌보고 간호하는 보시보다 더 나은 것이 없다는 것을 알고 병자를 돌보고 간호하는 보시를 행하면 그것이 곧 참다운 보시가 되어 큰 공덕을 얻을 것이다."

세민 스님과의 인연과 자원봉사

이러한 마음으로 진료를 하던 중 나는 법보종찰 해인사 주지를 역임하신 조계사 주지 세민 스님을 뵙는 영광을 갖게 되었다. 세민 스님은 한국을 대표하는 해인사와 조계사 주지소임을 맡으시면서도 염불수행의 대가로 덕망이 높은 고승이셨다. 2008년 12월 31일, 사진으로만 뵙던 세민 스님께서 환자로 우리 병원을 찾아오신 것이다.

이미 부주지스님을 비롯한 적지 않은 조계사 스님들이 치료를 받고 가셨는데, 어떻게 소문을 들으셨는지 내방하시게 됐다. 그날 나는 주지스님께 목동에서 3년 전부터 이곳 조계사로 오고자 준비를 했고, 나의 스승과 도반을 찾고자 했다는 말씀을 드렸다. 또한 앞으로 어려운 불자들에게 자원봉사활동을 하고 싶다는 말씀을 드렸다. 그랬더니 주지스님은 "원장님과 같은 사람을 만나길 기다려왔다"고 인자한 웃음을 지으시며 말씀하셨다.

그날 오후 퇴근 후 전철을 타고 집에 가는데 조계사 사무처장님으로부터 전화가 왔다. 주지스님이 "조계사와 궁플란트 치과병원이 제휴를 맺으면 어떻겠냐?"고 말씀하셨다는 것이다. 그 전까지는 조계사가 제휴를 맺은 치과병원이 없던 터였다. 나는 전화를 끊고는

'주지 스님이 나의 마음을 헤아려 주셨구나' 하며, 감사의 합장을 했다.

그래서 2009년 1월 28일 12시 30분 조계사 대웅전에서 나는 주지 세민 스님과 함께 '협력병원 조인식'을 갖는 영예를 가질 수 있었다. 협약 내용은 매월 조계사에서 선정한 무의탁 독거 어르신 한 분에게 틀니를 무료로 시술하고, 또 집안형편이 어려운 어린이를 월 3명 조계사에서 선정하여 무료로 치료해 주는 것이었다. 내가 펼치고 싶었던 사회봉사 활동의 꿈이 공식적으로 시작되는 감격적인 순간이었다. 두 달 뒤인 3월 9일에는 서울 종로구청과도 조인식을 갖고 우리 병원이 종로구의 소년소녀 가장에게 무료 치과진료를 해주기로 약속해 사회봉사에 대한 원력과 책임감은 더욱 깊어만 갔다.

조계사·종로구청과 협력병원 조인식

평소 나는 부모님을 잘못 만났거나 부모님의 명(命)이 짧아 가장이 된 아이들을 볼 때마다 참으로 안타까웠다. 비록 못 먹고 못 입으며 살았지만 그래도 부모님 밑에서 자란 나는 그 아이들에 비하면 참 행복한 축에 속한 사람이었다.

　소년소녀 가장들을 사회가 방치해두면 본인들은 물론이고 사회적으로 큰 문제가 된다. 그런 아이들에게 부모님 역할은 해줄 수는 없겠지만, 치과진료라도 정성껏 해주면 아이들이 "그래도 우리 같이 어려운 처지를 도와주는 사람이 있구나" 하는 밝고 따뜻한 마음을 가질 수 있다고 생각했다.

　내가 이러한 작은 실천을 할 수 있었던 것은 올바른 삶에 대한 지혜를 얻기 위해 기도하고 『금강경』을 독송하면서 부처님의 대자대비(大慈大悲)의 마음을 배웠기 때문이다. 나눔에 대한 실천이 왜 중요하며, 어떻게 해야 하는지에 대한 부처님의 가르침이 있었기 때문에 마침내 배운 것을 실천하는 자원봉사에 나서게 된 것이라 생각한다.

　불교 공부를 하며 생활하다 보면 올바른 판단과 실천을 할 수 있다는 생각이 저절로 든다. 인생을 살아가다 보면 수많은 어려움과 위험, 갈등에 직면하지만, 나는 부처님 말씀을 충실하게 따르며 살고 있기에 평안하게 살아갈 수 있음을 알게 됐다. 부처님 말씀을 공부하면 아무리 고되고 힘든 과정도 쉽게 극복할 수 있으며, 내가 원하는 바를 얼마든지 이루어낼 수 있다. 왜냐하면 부처님은 그러한 마음가짐을 가진 사람을 잘 인도해주시기 때문이다. 만약 내가 불교 공부를 하지 않았다면 어떻게 되었을까? 아마도 유년시절 개구쟁이처럼 철이 덜 든 어른으로서 천방지축으로 살고 있을지도 모를 일이다.

성심껏 진료하는 게 복 짓는 일이자 수행

2009년 2월 24일, 조계사가 위탁 운영하는 서울 종로노인종합복지관에서 추천한 65세의 강 모 할머니를 첫 환자로 모시게 됐다. 할머니는 그간 두 개의 치아로 생활해 오셔서 식사하는 데 많은 고생을 하고 계셨다. 조계사와의 협력병원 조인식과 무료진료 소식은 불교계 신문을 비롯해, 한경TV, 인터넷 언론 등 각종 매스컴을 통해 빠르게 세상에 알려졌다. 선행을 세상에 알리려는 목적이 아니었음에도 자연스럽게 많은 사람들이 알게 됐다.

이러한 무료봉사를 할 때마다 나는 더 큰 책임감을 느낀다. 내가 더 열심히 해서 우리 의원을 보다 많은 사람에게 감동과 도움을 줄 수 있는 곳으로 만들어야겠다는 책임감이 든다. 우리 의원이 조계사와 협력병원 조인식을 한 사실이 알려지고 나서부터, 조계사 법회에 참석한 먼 지역 사찰의 스님들이 오시는 횟수도 늘었다. 해인사, 남한산성, 옥천 등 전국 각지의 유명한 사찰의 스님들이 우리 의원을 찾을 때마다 '내가 조계사 근처로 잘 왔구나' 하는 안도감과 자긍심을 갖게 된다.

그리고 궁플란트 치과의원의 고급 인테리어와 정성스런 진료가 입소문을 타서 그런지 은행, 관공서의 지위가 높은 사람들도 많이 찾고 있다. 은행 지점장, 회계법인 이사장, 공공기관 대표 등도 우리 병원에 와서 진료를 받고는 "치료하는데 별로 아프지 않고 또한 인테리어가 참 마음에 듭니다"는 등의 말을 남기고 간다.

어린 시절, 내가 닮고 싶어 했던 작은아버지는 최근 치과의사가 된 나와, 연세대 의과대학을 졸업하고 마취과 전문의가 된 동생을 보면서 "많이 배우지 못하고 가진 것 없는 부모 밑에서 의사가 두 명이나 나온 건 참 대단한 일"이라며 기뻐하시곤 했다. 나는 환자를 대하는 훌륭한 작은아버지의 삶을 본받아 그 분의 기대에 부족함이 없는 의사로서의 삶에 긍지와 감사를 느낀다. 진료행위는 내가 복을 짓는 일인 동시에, 이웃과 내가 모두 행복해지는 동체대비행이기 때문이다. 평생 묵묵히 정직하게 아픈 사람들에게 도움을 주며 살아온 작은아버지를 볼 때마다 더 열심히 그러한 삶을 살아야겠다는 발심을 새롭게 하게 된다.

24시간 맑은 정신으로 깨어있는 사람

나는 병원이 어느 정도 자리를 잡으면 간호사와 의사를 더 충원하여 규모를 더 키우고 싶다. 그리고 무의탁 독거노인과 소년소녀 가장에 대한 무료진료도 더욱 확대할 계획이다. 어려운 사람들에게 많은 혜택을 주고 싶은 마음 때문이다. 아울러 이웃과 함께 살아가는 마음이 많은 의사와 기업인, 공무원 등 사회 지도층에도 전해져 맑고 아름다운 사회, 함께 행복한 사회로 나아가는 데 작은 동기부여가 되었으면 하는 바람도 있다.

그리고 개인적으로는 불법 공부에도 더욱 정진하여 24시간 365일, 한 순간도 정신의 흐트러짐 없이 항상 맑은 정신으로 깨어있는 사람이 되고 싶다. 내면의 공부가 깊어지면서, 기회가 된다면 좋은 스승과 도반도 많이 만나고 싶다. 현재 나는 조계사 청년회 자문위원으로 활동하고 있는데, 나에겐 아주 귀중한 인연이다.

나는 치과의원 경영자로서 변화와 혁신을 중요시 한다. 세상은 지식 정보화 사회로 치닫고 있는데 아날로그 방식을 고집하고 있으면 발전이 없다. 내가 새로운 최첨단 의료장비를 도입하는 것도 이 때문이다. 새로운 장비는 가격이 비싸지만 환자 진료에 도움이 된다면 주저 없이 투자를 해야 한다고 생각한다. 이는 결국 환자에게 도움이 되고, 환자에게 도움이 됨으로써 나에게도 도움이 되는 선순환을 반복하게 된다.

또한 나에게 안 좋은 습(習)을 버리고, 개인적인 습을 유지하기 위해 돈을 사용하기보다 환자를 위해 병원시설과 장비에 투자하는 것이 나의 도리라고 생각한다. 환자 진료를 할 때마다 '어떻게 하면 환자에게 만족과 기쁨을 줄 수 있을까'와 같은 목표를 가지고 진료를 하다 보니 정성이 더 들어가는 것 같고, 그래서 환자들도 많이 찾아오는 것 같다.

대개 사람들은 변화를 싫어한다. 현실에 안주하면서 더 많은 것을 얻고 싶어 한다. 하지만 변화를 거부한다는 것은 게으르다는 말의 다른 표현일 것이다. 게으름은 불교적인 삶에 역행하는 것이라고 생각한다. 『법구경』에는 이런 말씀이 있다.

"경전을 아무리 많이 외워도 실행하지 못하는 게으른 사람은 남의 소를 세는 목동과 같아 수행의 보람을 얻기 어렵네."

또 내가 잘 되어야 다른 사람도 행복하게 할 수 있다는 점을 병원 운영을 통해서 깨우치게 되었다. 내가 성공함으로써 주변 사람들에게도 도움을 주고, 좋은 기운도 만들게 한다. 병원이 잘 되면 직원들도 더 고용하게 되고, 진료 재료도 더 많이 쓰게 되며, 홍보할 이야기들도 많이 만들게 된다. 따라서 나는 여러 사람들과 인생을 동행하는 파트너로서 도움을 주고받는 것이다. 생활 자체가 수행이 되고 모든 사람이 행복해지는 공덕을 쌓는 일임을 하나하나 깨닫게 된다.

| 성공인생 마음공부 31 |

혁신, 나와 세상을 끝없이 변화시키는 힘

깨달음이든, 개인 또는 모든 사람의 행복이든, 우리가 원하는 성공은 명확하고 구체적이어야 성취할 가능성이 크다. 그리고 원하는 그 무엇을 이루려면 '머무는 바 없이 그 마음을 내는' 끝없는 변화와 혁신은 필수적이다. 현재의 모습과 성공한 후의 모습은 다르기 때문에 성공을 위해서는 변화와 혁신이 선행되어야 하기 때문이다.

특히 불자라면, 세상을 변화시키는 힘은 자기 혁신으로부터 나온다는 사실을 확실하게 믿어야 한다. 내가 변화하시 못한 채 사회와 국가, 세상의 변화만을 기대하는 것은 어불성설이다. 만약 나 자신이 먼저 변한다면, 내가 본보기가 되어 가족을 변화시킬 수 있을 것이고 그들의 힘으로 사회와 국가도 발전시킬 수 있을 것이고, 나아가 세상까지도 변화시킬 수 있을지 누가 알겠는가?

그런데 세상을 변화시키는 씨앗이나 다름없는 자기로부터의 혁신은 뼈를 깎는 아픔과 인고의 과정을 통해 이뤄진다. 나약하고 두려움에 떠는 '거짓 나'의 죽음을 통해, 당당한 우주의 주인공인 '참나'로 거듭나는 깨달음의 과정이나 다름없다. 불교에서는 일체의 존재가 모두 변화한다는 '제행무상(諸行無常)'이 혁신과 연관된 교리이다. 모든 것이 무상하기에 세상에 대한 미련이 헛된 것이라 볼 수도 있지만, 세상이 늘 변화하기에 인간사는 발전에 발전을 거듭해 왔음을 확인할 수도 있다. 인생이 무상하다고 해서 허송세월을 보내라는 것이 아니다. 보다 적극적으로 나와 세상을 변화시키라는 것이 불교의 주문인 것이다. 변화하는 세상을 즐기면서 참여하고, 그 안에서 자신의 성공을 성취하려는 사람은 변화를 두려워하지 않고 변화를 이겨내는 긍정적인 사고의 소유자임은 두 말할 필요도 없다.

겨레의 스승인 함석헌 선생은 "자기 자신을 알기 위해서는 두 가지 일이 필요하다. 하나는 스스로 자기를 돌이켜보는 것이요. 다른 하나는 남이 평한 것을 듣는 일이다"라고 말한 바 있다. 자기로부터의 혁신은 먼저 자신을 아는 것으로 시작되고, 자신을 알기 위해서는 스스로를 돌아보는 작업이 선행돼야 한다. 자기를 돌아보는 것이 수신이요 마음공부라 할 것이다.

이런 측면에서 불교는 자기로부터의 혁명(깨달음)을 말한다고 볼 수 있다. 이 자기로부터의 혁명은 탐욕과 성냄, 어리석음에 물든 '거짓 나'를 벗어나 무아(無我)이자 대아(大我)인 참나(불성) 즉, 본래의 자기를 깨닫는 일이다. 본래의 자기를 깨닫는 일은 자기를 혁신하는 일인 동시에 세계의 실상을 바로 보는 세계관의 변혁을 말한다. 우주와 둘이 아닌 본래의 자기를 깨닫는다면, 개아(個我)로서의 나를 떠나 세계와 둘이 아닌 대아로서 전혀 다른 삶을 살게 된다. 자기로부터의 혁신이 세상의 혁신과 둘이 아닌 까닭이다.